舞一曲伊比利

西班牙·葡萄牙

邱千瑜／著

Dancing in Iberia

Spain · Portugal

漫遊13個城市與故事

里斯本 Lisboa
仙達 Sintra
梅里達 Mérida
塞維亞 Sevilla
康斯艾古拉 Consuegra
隆達 Ronda
米哈斯 Mijas
阿爾漢布拉宮 Alhambra
哥多華 Córdoba
托雷多 Toledo
塞哥維亞 Segovia
馬德里 Madrid
巴塞隆納 Barcelona

序・舞一曲伊比利

▼7/11在托雷多，大艷陽天

Hola！歡迎來到伊比利半島！

西班牙和葡萄牙，是我們歐洲旅行圖一直缺少的一塊。這是個神奇的地區，和歐洲其他地方一樣，承載著豐厚的文化、血淚更迭的歷史，但同時又充滿陽光的熱情、南歐的慵懶，以及獨特的藝術才華。這幾個元素綜合起來，讓這個區域格外吸引人。終於終於，跟隨夏日的腳步，我們走入了這個神奇的時空。

Once Upon A Time

據說，在一百多萬年前，伊比利半島就有人跡；而確切出土的遺跡，也證實至少在西元前一萬五千至兩萬年前，這裡就有舊石器的人類活動。目前為人所信的西班牙人祖先，來自西元前九百年，塞爾特人（Celts）遷入，和原定居在半島的伊比利人（Iberian）混血，成為「塞爾特——伊比利人（Celt-Iberian）」。

經過了羅馬帝國、日耳曼的西哥德人（Visigoth）、伊斯蘭教徒的統治，西班牙於1492年又回到天主教徒手中，在著名的「雙王」伊莎貝拉女王（Isabel la Catolica）和費迪南國王（Fernando）共治下達到黃金時期，也開展了稱霸歐洲的航海發現年代。後來，雖然沉寂下來，並度過混亂的政治時期，但在黃金年代遺留下來的事跡，使這個國家的歷史閃閃發光。而長達

▼ 7/12在塞哥維亞，晴時多雲偶陣雨

七百多年伊斯蘭教的統治，也讓西班牙留下了獨特的交融文化，在許多地方都可以看到伊斯蘭和基督教元素並存。

同位於伊比利半島的葡萄牙，在歷史上同樣有光芒一閃的黃金航海時期。曾被西班牙短暫統治過，有某些相似的景觀和文化，但緊鄰大西洋的葡萄牙，呈顯出的又是截然不同的風貌。

舞一曲伊比利

前往西班牙葡萄牙之前，就聽說這裡的夏天都是烤箱般乾熱，因此做了高溫抗戰的準備，但造訪後發現，其實這兒的天氣也是有很多種心情的。

當然，陽光是不可或缺的元素。伊比利半島的夏季幾乎都是晴天，但我們也遇到兩次難得的雨天，烏雲一來，雨水一沖刷，整個氛圍為之一變。而溫差是令人訝異地大，晴天和雨天、正午和夜晚、地域的不同，溫度可以差到十度以上；一趟十幾天的旅行，你可以在前一天遇到43.5度的高溫，隔天變成二十三、四度的舒適溫度，甚至晚上還需要加件外套的涼颼颼天氣。

和以往的歐洲之旅一樣，西班牙和葡萄牙也充斥著時光沉積。踏著地上的石板路，每個石塊都是意想不到的古老年歲，每一仰首都是豐厚的故事，足以令歷史迷的我三天三夜都接收不完。而陽光伴隨我們整趟旅程，不管在大城市、小鄉鎮，擷取一抹日光，穿梭古代和現代，還會一不小心，闖入南歐凝滯的悠閒。

古城、故事、山海；建築、美術、歌舞；這是西班牙和葡萄牙，值得慢慢徜徉的國度。

那麼現在，就踩著陽光的腳印，盡情舞一曲夏日伊比利吧！■

舞一曲伊比利——西班牙・葡萄牙

CONTENTS

山海輪旋曲

葡萄牙 Portugal

陽光圓舞曲

西班牙 España / Spain

葡萄牙 Portugal

山海輪旋曲

山海交織的城市：里斯本 Lisboa / Lisbon

飛機抵達里斯本時，已近深夜，城市內部還隱藏著喧囂，但外圍正逐漸沉睡。而我們，也在長途飛行的恍惚中直抵夢境，等到隔天天光明亮時，才驚覺這座城市的活力。

葡萄牙的首都里斯本，優雅中帶著慵懶，活躍中帶著悠閒。這座城市的歷史可追溯到西元前腓尼基人（Phoenicians）時期，而後羅馬帝國、北方西哥德人統治，在西元714年時被伊斯蘭教的摩爾人佔領，其後摩爾人統治了里斯本四百五十年，因此遊覽這座城市時，也常會發現穆斯林的文化遺跡。1147年，阿方索一世（Afonso Henriques）在十字軍征戰途中拿下里斯本，成為葡萄牙第一任國王；1256年，里斯本成為葡萄牙的首都。

現在看到的里斯本市容，大抵是十八世紀後重新建設的。1755年，一場大地震襲擊了里斯本，帶走至少一萬五千條人命

▶從聖喬治城堡所在的山丘俯瞰里斯本市景

▲聖喬治城堡

（有說法高達六萬人），市內大部分的建築也遭到摧毀。地震後，當時的總理Pombal侯爵（The Marquis of Pombal）主持了重建，將里斯本建造成比歐洲其他國家早一步的新市鎮。現在里斯本市內有他的雕像，高高眺望著他所規畫的城市。

山城歲月：聖喬治城堡 Castelo de Sao Jorge

來到里斯本的第一站，我們先爬上聖喬治城堡所在的山丘。羅馬人在這裡建造了第一道城牆，而聖喬治城堡在羅馬時代前就是碉堡，經過歷代統治民族的改建，後來阿方索一世征服葡萄牙後，十四到十六世紀初這裡是皇室的居所，直到更豪華的新宮殿建造完成。如今城堡只剩下外觀城牆和城塔，配上一方藍天述說當年的榮耀。

不過，來到這座山丘，大家的重點其實並不是城堡。里斯本是座山城，搭車就會發現馬路都是稍微傾斜的，時而上坡、時而下坡，而整座城市的最高點就是這座山丘，從這裡可以眺望整個里斯本市景。這天的天氣很好，一整片紅屋頂房屋們一覽無遺，左側是穿越葡萄牙的塔霍河（Rio Tejo），以及跨越河面的四月二十五日大橋（Ponte 25 de Abril）。

▶山坡上的小街道

步行在蜿蜒的小街小道，兩旁是各有特色的山坡民宅，時而爬上古老的階梯，路旁小店將精美的紀念品層層掛在牆上，吸引遊人們的目光。山坡上的里斯本早晨清新而悠閒，陽光從樓房間隙灑下，蒸騰的溫度尚未降臨。一列黃白車身的古老電車由坡上駛下，我們趕緊以相機打招呼，也向里斯本的古老與現代，打個照面。

◀里斯本標誌的古老電車

金光閃耀的殿堂：馬車博物館 Museu dos Coches

踏入這座博物館，你即將進入數個世紀前的貴族生活。

馬車博物館位於里斯本的貝倫區（Belém），這座建築原是皇家馬術學校，1905年建立了博物館，裡頭收藏了整個廳室的馬車、轎子、轎車等等，年代跨越了四個世紀。一進博物館，彷彿進到一間馬車倉庫——不過是奢華馬車的豪華倉庫。這些都是皇室貴族使用的馬車，樣式簡單的也有刻紋、雕花，而時代越往後，金碧輝煌的裝飾就越多。

在第一間廳室最裡面，有三輛金光閃閃的馬車，這是1716年建造於羅馬，給葡萄牙大使前往梵諦岡（Vatican）覲見教宗所用，每輛都超過一噸重，外觀雕飾是以金子雕刻而成的；但這些馬車其實沒跑過多遠，炫耀國力的功能還是大過實質作用。在第二個廳室裡，有輛側面車身上有兩個小孔的車，這是當年一樁真實暗殺事件所遺留的彈孔。當時坐在車上的是皇室四人，其中王后是兇手唯一沒打算殺害的，當王子中彈倒下後，王后奮力起身抵抗，保住了另一名王子的性命；車後面現在還掛著暗殺事件時，王后勇猛表現的圖。

▶大使覲見教宗時的金碧輝煌馬車

博物館二樓是環繞整個大廳的迴廊，展示一些馬車用具、模型，及皇室貴族的畫像，可以從迴廊眺望一樓，將整個廳室的馬車全收入眼底。這裡也是不錯的拍照地點，迴廊的柱子、欄杆、窗台，眼目所及都是典雅的歐式風格，觀覽一圈，彷彿即將乘著豪華馬車，駛入時光流中的貴族盛宴。

▲ 從二樓俯瞰馬車博物館大廳

迎向大海：貝倫塔．發現者紀念碑
Torre de Belém．Padrão dos Descobrimentos

里斯本其實不完全靠海，但又和海密不可分。在貝倫區，立在河岸，有兩座足以代表里斯本、甚至整個葡萄牙的地標。

首先來到貝倫塔。這座小碉堡建於1515到1521年，原本的功能是抵禦河流出海口、控制航行到里斯本的船隻、及保護對面的修道院，而在後來的西班牙佔領時期，它被當成監獄使用。它的位置原本在河上，是船隻出港時最後離開的地方，後來由於河道改變及1755年的大地震，貝倫塔

▲ 貝倫塔

「回到」了河岸邊，但它仍成為葡萄牙航海冒險、向外擴張的象徵物。1983年，貝倫塔被聯合國列入世界遺產。

這真的是最醒目也「上相」的建築物，混合著哥德式、羅馬式及摩爾風格，很難不注意到它。幾世紀也來，貝倫塔就這麼駐守在里斯本通往大海的河口，守護著城市，守護著航海人，遙望著時光的駐跡。

▲ 發現者紀念碑

離貝倫塔不遠，有另一座吸引目光的建物，這是發現者紀念碑。在葡萄牙十五、十六世紀的發現年代，有位亨利王子（Henrique, Infante de Portugal），他本人沒有出海航行過，但他資助許多航海活動，並創立航海學校，鼓勵人民出海探險；這座紀念碑是1960年紀念亨利王子逝世五百周年所建。碑本身有五十二公尺高，外形是一艘輕帆船在河上航行的樣子，船上站著一排人，為首的就是亨利王子，其後有包括麥哲倫（Magellan, Ferdinand）、達迦瑪（Vasco da Gama）等在「發現年代」有貢獻的葡萄牙航海家、製圖家、天文學家等等。

紀念碑前的廣場地面上，有幅大大的航海羅盤圖，中間的地圖顯示葡萄牙在發現年代的航海路線。這天陽光普照，站在巨大的地圖邊，和紀念碑上的名人們一起眺望遠方，似乎感受得到葡萄牙當年的輝煌。眨眨眼，也許，看得見幾世紀前的發現者正揚帆出港。

◀廣場地面上地圖的一部份。台灣長得怪怪的……

MACAU
1514
R.DE CANTA

葡國公雞，朝聖者的奇蹟

來到葡萄牙，一定會納悶：為什麼到處都是公雞呢？

到處都是雞？沒錯，到處都看得到公雞的紀念品。這當然是有由來的。這個故事發生在葡萄牙北邊的巴賽羅（Barcelos），當時鎮民正對一件罪案束手無策，有一天，鎮上來了一名加利西亞人（Gallician），他馬上被認定是罪犯並逮捕。儘管他發誓自己是清白的，但沒有人相信他；沒有人相信他是名虔誠的信徒，正在朝聖的路途中。於是，他被判處死刑，將被吊死。

▲ 葡萄牙的花公雞們

在行刑前，他要求了最後一件事：讓他見將他判刑的法官一面。他的請求被允許，他被帶到法官的住宅，法官正和幾個朋友宴飲。加利西亞人再次聲明了他的清白，但在場的客人都不相信，於是他指著餐桌上的烤雞，以堅定的語氣說：「如果我是清白的，在我要被吊死的時候，這隻雞就會站起來啼叫！」

▲葡萄牙的天氣雞

大家都嘲笑他，但也沒人敢去動那隻烤雞。奇蹟發生了。當加利西亞人要被吊死的一瞬間，桌上的烤雞站了起來，並高聲啼叫！沒有人再敢懷疑他的清白，趕在最後一刻將他放下絞刑架，馬上無罪釋放。這個故事在葡萄牙流傳，從此，公雞成了好運、好的象徵，在各式紀念品、卡片、用具上都見得到牠的蹤影，可說公雞成了葡萄牙的標誌。

在紀念品店最常看到的是陶瓷製成、有圓點和愛心花紋、大紅雞冠、有各種不同顏色身體的花公雞。而葡萄牙人又製作了另一種「天氣雞」，塑膠製成，白身體紅雞冠，在翅膀和尾巴上塗有化學物質，會隨著空氣中的濕度變色，因此不同天氣就是不同顏色：藍色是晴天、紫色是陰天、粉紅色就是雨天。

在出國前，澳門籍的學姊聽說我要去葡萄牙，馬上就介紹了這項「必買」紀念品，據說在澳門買的價格很高。而我一知道這神奇的雞，馬上就被吸引，再加上陶瓷製的傳統花公雞，離開貝倫區時，我們手上是帶著一袋雞的。

正宗的幸福滋味：貝倫蛋塔
Pastéis de Belém

來葡萄牙除了買雞之外，必做的第二件事就是「朝聖」葡式蛋塔了。葡式蛋塔世界有名，但來到葡萄牙才知道，其他地方（包括葡萄牙的其他地方）吃到的口味都一定有哪裡不一樣，真正的、正統的葡式蛋塔，就在里斯本的貝倫區，且只有在貝倫區。

▲ 葡式蛋塔起源店「貝倫蛋塔」

這家店名叫“Pastéis de Belém”，就是「貝倫蛋塔」的意思，是正宗的葡式蛋塔起源店。只有這家店的蛋塔能叫做「貝倫蛋塔」，其他地方只能用原本泛稱蛋塔的“Pastéis de Nata”這個字。十九世紀初，葡萄牙經濟困頓，又逢革命時期，許多修道院失去經濟來源，一些修士和修女為了討生活，便開始販賣蛋塔，其中最有名的來自現在這家店附近的傑羅尼摩斯修道院（Mosteiro dos Jerónimos）。1837年，商人多明哥（Domingo Rafael Alves）偶然間得到了這種「貝倫蛋塔」的秘方，成立了這家正式名稱為“Antiga Confeitaria de Belém”的糕點店，從此大受歡迎到現在。

▲ 正宗貝倫蛋塔

　　貝倫蛋塔的秘方，至今仍是不公開的秘密，據說只有店內三位簽過合約、宣示絕不洩漏的大師傅知道。而實際嚐過貝倫蛋塔後，發現真的和葡萄牙其他地方、台灣或者澳門的蛋塔完全不一樣！這裡的蛋塔是我所吃過的一絕，皮酥但不硬，內餡則入口即化，傳統吃法再灑上點肉桂粉，可以唇齒留香好一陣子。大家點了一盤吃完後，全體決定再加點；對於喜歡甜食的我來說，可能吃下一整箱都還會意猶未盡。

貝倫蛋塔的店內也挺有特色，牆壁是藍白磁磚所拼成，桌子是小桌小椅，簡樸但雅致。用餐區很廣闊，但幾乎各處都坐滿了人，乍見有點嘈雜擁擠，但等坐入他們之中，就會享受這種歐式點心時間的氛圍：幾個人圍坐一小桌，享用香噴噴的貝倫蛋塔配飲料，也是人生一種幸福了。

▲「貝倫蛋塔」店內

葡式命運之歌：華多Fado

聽過故事、享用過點心，還有一項不能錯過的：音樂。

葡萄牙特有的民俗音樂稱為「華多（Fado）」，"Fado"一字源自拉丁文，是「命運」的意思。這種音樂的起源已不可考，有說法是從摩爾人的音樂演變而來，有說法是來自中世紀的吟遊歌曲；也有說法是巴西奴工到葡萄牙時，帶進了一種巴西的舞蹈音樂，後來成為華多的雛形。

這種音樂的感覺就是哀愁、傷感、悲涼，和它的名字一樣，似乎人生總逃不過宿命；歌曲內容多半是愛情、鄉愁、死亡、分離、命運的無常和無奈。華多從

▶餐廳的民俗舞蹈表演

十九世紀起盛行，當時葡萄牙國力已衰，貧苦人民和殖民地來的奴隸常遭欺壓，因此，底層民眾喜歡聽這樣的音樂，藉以紓發生活的痛苦與無奈。華多一般被認為是漂泊者之歌。

　華多的演奏形式是一名演唱者，加上伴奏的西班牙六絃吉他（Viola）及葡萄牙十二絃吉他（Guitarra）。演唱者用不作修飾的原始聲音演唱，大多粗獷又帶沙啞，不以技巧取勝，而是將情感完全投入歌曲，傳達給聽眾，格外帶有蒼涼感。華多演唱者大都身著黑衣，女歌者還會加上黑披肩，這也是有由來。十九世紀初有位傳奇的演唱者瑪麗亞・塞薇拉（Maria Severa），她是名妓女，在里斯本和母親共同經營一家小酒館，並演唱華多歌曲，她的演唱是華多的起源和雛形。塞薇拉只活了二十六歲，但她始終是華多的傳奇，她演唱時總是穿著黑衣配黑披肩，因此後來的演唱者也都如此效法。

　里斯本許多餐廳和酒館都有華多表演，當地人會聚集到擁擠的小酒館，而我們則來到一家餐廳。小舞台上，除了華多，還有一些葡萄牙的民俗舞蹈表演。昏暗的燈光下，身著黑衣的男歌者或女歌者，以粗啞的聲音唱出命運之歌，雖然不懂歌詞講些什麼，但光憑那時而激昂奔放、時而深沉低緩的歌聲，就能感受到壓抑其中的濃重情感。

　出了餐廳，夜風微涼，天色已暗沉。這是里斯本，山和海、城堡和傳奇、甜點和音樂。屬於里斯本的命運之歌仍繼續奏著，但那無疑地，會帶著點陽光。■

夏日的清閒之居：仙達 Sintra

山和樹和暖陽，以及紅瓦白牆的屋子，這是來到仙達的第一印象。

仙達距離里斯本約二十五公里，坐落於仙達山脈北側，市鎮由山脈、森林、泉水環繞著，是以前葡萄牙皇室和貴族的夏日避暑地，也是許多名人和藝術家的閒居之所。舊城區在1995年被聯合國教科文組織列為世界遺產。

這裡距離里斯本不會太遠，卻可以逃離里斯本夏季的酷熱和烈日，不僅皇室中意，觀光客也喜愛。因此，我們在盛夏的近午

來到仙達時，街上人潮絡繹不絕，可以看出來自不同地方，個個都是夏日休閒打扮，踏著度假的步伐遊覽這座城鎮。

夏日貴族：仙達皇宮 Palãcio Nacional de Sintra

遠遠而望，就會注意到仙達皇宮的標誌：兩根大煙囪！這同時也是整個仙達的地標。仙達皇宮外觀沒有其他宮殿的金碧輝煌，也沒有童話城堡的夢幻美，乍看之下，它就像許多棟白牆的房子拼湊在一起，但加上兩根大煙囪後，它成了這一帶一個特殊的景緻。

▼ 仙達皇宮前

▼ 遠望仙達皇宮

最早記載到仙達皇宮的記錄，可追溯至十世紀，來自一位阿拉伯地理學家。它最早是里斯本的摩爾官員住宅，1147年阿方索一世征服葡萄牙後，這座建築成為皇家居所，使用了將近八百年，直到1910年皇室被推翻。仙達皇宮是葡萄牙僅存的中世紀皇宮，現在看到的樣子是經過多個時代、多位國王所增建，同時，它也擁有葡萄牙最重要的釉彩瓷磚收藏。

進到仙達皇宮內部，和外觀又是不同的感覺，室內就真的是高貴的皇室宮殿。有天花板繪著天鵝的「天鵝廳（Sala dos Cisnes）」，這是整座宮殿最大的廳室，許多盛大晚宴都是在這間房間舉行；也有間「鵲廳（Sala das Pegas）」，天花板上繪著許多爪上有玫瑰、喙上叼著一條寫著“por bem”絲帶的烏鵲，“por bem”的意思類似“for the best”，據說是當時國王常掛在嘴邊的話；以及「阿拉伯室（Sala dos Árabes）」，這裡保存有葡萄牙最古老的瓷磚，房內的摩爾式噴泉和牆面瓷磚源自十六世紀初。另外，在兩支大煙囪的正下方是廚房，中世紀的人注重防火，因此廚房離其他廳室有一段距離；這裡已經使用了好幾百年，現在偶爾還會烹煮在這座皇宮內舉行的官方宴會料理。

出了仙達皇宮，感覺像從另一個世紀走出來。穿過熙熙攘攘的參觀人潮，再遠看它的外觀，我依然覺得是種微妙的重疊感，有點難和「皇宮」這個詞聯想在一起——但也許就是因為這樣，才造就了這座建築的獨特感，讓包括我們在內的遊人，都不遠千里來一睹它的真面目。

數百年的仙達宮，數百年的仙達城鎮，在伊比利半島的炎炎夏日，有這麼一個跨越時空的清閒居地。

▲廚房

▲ 天鵝廳

天海盡頭：洛卡海岬 Cabo de Roca

往西，再往西。當你再也沒路可走時，你就到了世界的盡頭；但也不是世界的盡頭。

在仙達市鎮西方十八公里外，有連綿的陡峭海岬，這是歐洲大陸的最西端。"Roca" 是「岩石（rock）」的意思，這是個石頭海岬。綠草長到盡頭後，接下來的是岩石，一百四十公尺高的石崖向外延伸，直落入海中，岸邊有座燈塔、幾幢紅瓦白牆的房子、一間遊客中心兼商店，往前走有座十字架石碑，此外，就是海、天、綠草小花、以及風。

◀遠處的建築就是燈塔

風，強勁的海風。從炎熱的城市來到這裡，頓時進了另一個氣候，就算是盛夏，這裡的風也帶來陣陣寒意，不自覺要拉緊衣襟。即使葡萄牙的夏天很高溫，洛卡海岬的海水最高大概只有攝氏十八度，造訪這裡應該帶件稍厚的外套，像我們只加了薄外套就下車，難免要發抖了。

▶岸邊有座十字架石碑

就算如此，既來之，仍要好好探索歐洲的最西端。以前交通不發達、航海也尚未盛行的年代，歐洲人以為這裡就是世界的盡頭。的確，天海相接，深色岩石沒入大海，眼前一望無際地空曠，海風吹來陣陣蒼涼的氣息——如果要我形容世界盡頭，只怕這些也會是必須元素。在燈塔前下車，往前走到海岬邊，邊抵擋寒風邊前行，頗有出征的味道；居高臨下，然後踩著石頭地面沿著海岬往下走，想像幾世紀前人們來到這裡，認為自己已經來到世界邊境的感覺。那是種什麼樣的感覺呢？想必，就跟大海一樣壯闊吧。

耐不住冷風就往回走，到紀念品店買一張證書，證明自己到過歐洲大陸的最西端。就把自己當幾世紀前的冒險者吧，就算天外還有天，又何妨？噢，我沒有雄心壯志，我只想滿足於自己的天地，因為達到自己想要的目標而快樂，管他世界說什麼呢。

天海連綿，這是盡頭，但也不是盡頭。■

Certifico que
esteve
no Cabo da Roca, Sintra - Portugal, o ponto mais Ocidental do Continente Europeu,
"onde a terra se acaba e o mar começa" e onde palpita o Espírito da Fé e da Aventura
que levou as Caravelas de Portugal em busca de novos mundos para o mundo.
Câmara Municipal de Sintra
Cabo da Roca, 7 de de 2011

▲ 來到歐陸最西端的證書

西班牙 España / Spain
陽光圓舞曲

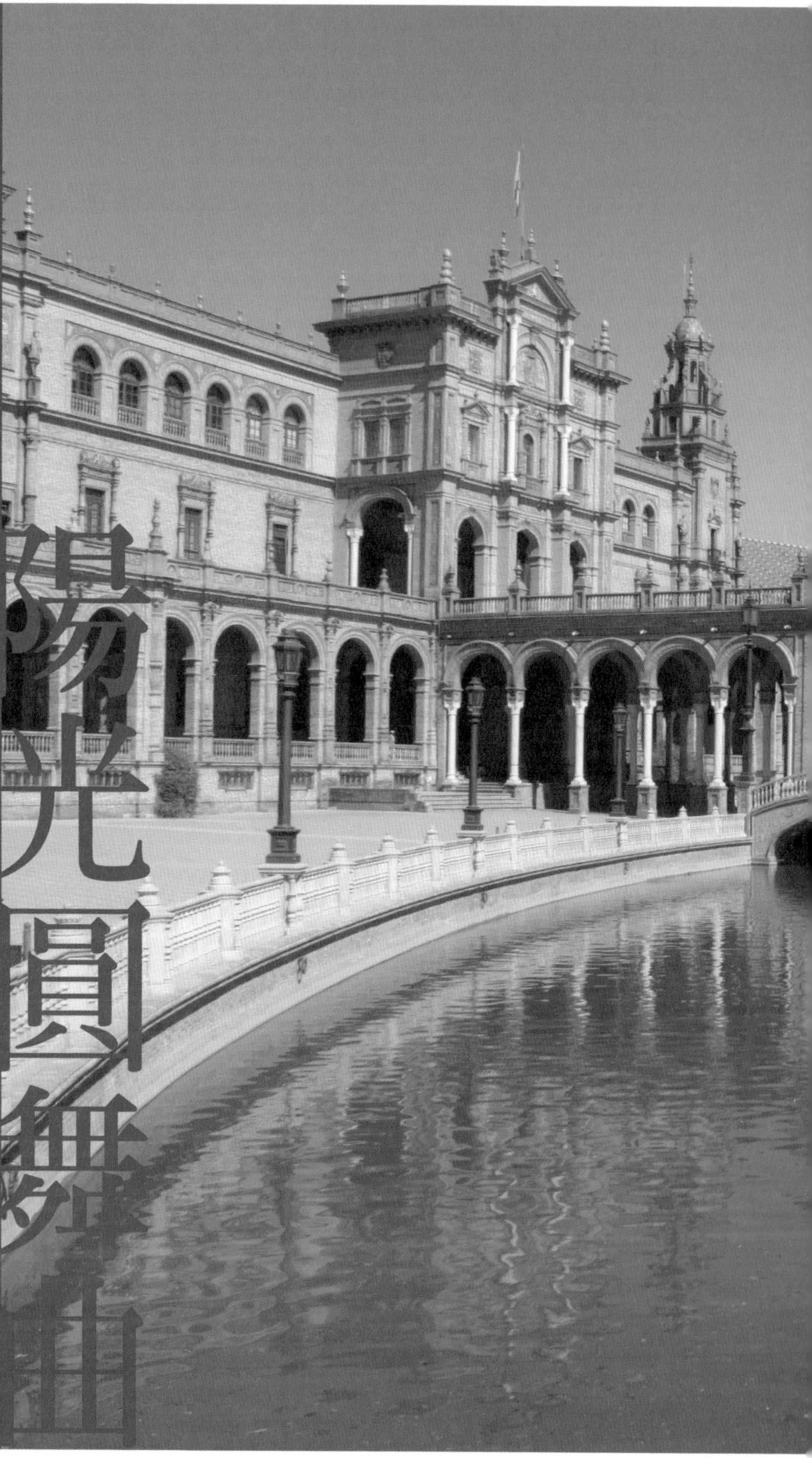

漫步古羅馬世界：梅里達 Mérida

◀從飯店窗口眺望梅里達

這天，我們撿到了一個清新幽靜的早晨。

這是來到西班牙的第二天，在這裡過了一夜後，早晨我們以漫步來親近這座小城。這裡不是大批觀光客會聚集「朝聖」的地點，這裡也不是旅遊書或網站會大似吹捧的名勝，但這裡曾經戴著時代光環，這裡藏有很多時光寶藏；這裡是梅里達，一座從古老時代走出來的城市。

梅里達建於西元前25年，曾是羅馬帝國盧西塔尼亞省的首府，當時是伊比利半島的大

▲ 古羅馬廣場正門的遺跡

▲ 古羅馬廣場正門遺跡的一面牆

城，也是政治文化中心；同時因為是伊比利貿易路線「銀之路（Ruta de la Plata）」的重要據點，成為繁榮的城市。今日的梅里達，雖然繁盛不再，雖然只是西班牙的一座小城，但曾經的輝煌，都保存在看得見的市容當中。梅里達有「小羅馬」之稱，在這裡，隨意走走都可以遇到或大或小的羅馬遺跡，最有名的是大型的、可以入內參觀的羅馬劇場（Teatro Romano）和圓形劇場（Anfiteatro）。可以說整個梅里達就是羅馬時代的博物館，考古挖掘和遺跡修復仍不斷進行中；1993年，這座古羅馬之城被聯合國列為世界遺產。

也許，比起繁華的羅馬帝國大首府，我們更愛清幽的小城梅里達。早餐後漫步靜謐的小街巷中，陽光暖而不熱，夏日元素還未甦醒；而街道兩旁的房子裝飾、櫥窗，倒是時常給我們驚喜，彷彿這座小城的居民都是藝術家。走走看看，漫無目的也沒關係，散步本身就是一種享受。

走著走著，就遇到了一處羅馬遺跡。這是古羅馬市政廣場的正門（pórtico del foro），就位在我們走的街道旁邊，規模不大，剩下殘破的柱子、磚牆、神像，但大理石雕刻仍清晰，神像也可以看出細緻的紋路。這對喜歡古遺跡的我來說已經足夠了，於是，用鏡頭向古羅馬時光打招呼。

再散步了一陣子，才真正是驚喜：我們來到了奇蹟水道橋（Acueducto de los Milagros）。在歐洲，水道橋幾乎就等於羅馬時期的標誌，這座水道橋也是用來引郊外的水源給梅里達城內居民使用，歷史可追溯至西元前一世紀，據說原始的高度有二十四公尺、綿延十一公里長。

遠遠見到水道橋，就見到了第一個驚喜：鸛鳥！在水道橋頂部，白身黑尾的鸛鳥築了許多巢，幾乎一整排都是鸛鳥及牠們的巢，連沒有穹頂、只剩單獨柱子的地方也不放過。也許這裡的居民早就對鸛鳥見怪不怪，但我們這些少見這種鳥類的東方客，都興奮地用眼睛、相機把牠們記錄下來。再往前走，從地下道穿過鐵路，就見到了水道橋的全貌。水道橋上方是蔚藍的天空，周圍是片綠草地，步道小徑從旁邊經過，在這樣晴朗的早晨，已經有一些居民來散步或遛狗；而我們則是讚嘆眼前的顏色：蔚藍搭配翠綠，給予了水道橋最美麗的背景。

於是，我們的梅里達漫步，水道橋成了最佳主角。在這個古羅馬的世界，時空已經不重要；古代和現代融為一體，自然和歷史相依相存，就是她最珍貴的榮光。■

◀ 奇蹟水道橋

熱情的陽光之都：塞維亞 Sevilla

陽光、陽光、和陽光，歡迎來到夏季的安達魯西亞（Andalucia），一個充滿陽光的世界。

西班牙南部的安達魯西亞省，是最具有地方風情的區域，有人說，來西班牙不來安達魯西亞，就不算來過西班牙！這裡有熱情的舞蹈、深情的歌曲、精緻的藝術、狂猛的鬥牛，還有這裡獨有的、優雅又閒散的風格。而我們現在所在的這座城市，就是安達魯西亞的首府——塞維亞。

塞維亞，就算你沒聽過這座城市，也一定在哪個地方看過這個名字。見過身穿大紅色華麗服裝的佛朗明哥女郎嗎？聽過《卡門（Carmen）》最著名的、耳熟能詳的那段旋律嗎？這些，都跟塞維亞有關。這裡是佛朗明哥的發源地，更是無數歌劇的舞台背景，包括羅西尼（Gioacchino Rossini）的《塞維亞的理髮師（Il Barbiere di Siviglia）》、莫札特的《費加洛的婚禮（Le Nozze di Figaro）》和《唐喬凡尼（Don Giovanni）》，而最為人所知的則是比才（Georges Bizet）的《卡門》。

《卡門》改編自法國作家梅里美（Prosper Mérimée）的同名小說，在比才過世後才獲得真正的成功。故事描寫十九世紀初一位美艷的吉普賽女郎卡門，先引誘了衛兵唐・荷塞（Don Jose），讓他為了她拋棄事業和婚約，然後又變心愛上有名的鬥牛士艾斯卡密羅（Escamillo）；就在卡門答應艾斯卡密羅，只要他勝利歸來即應允婚約後，她被盛怒的荷塞以匕首刺入胸膛。這個故事的舞台背景，就是塞維亞。

塞維亞是西班牙第四大城，傳說是希臘神話的大英雄海克力斯（Hercules）建造的城市。確切歷史可追溯至西元前八世紀，後來陸續經過腓尼基人、西哥德人、羅馬帝國統治——在這時已是繁榮的大城市——712年落入伊斯蘭教的摩爾人手中，直到1248年被天主教的費迪南三世（Fernando III）奪回。哥倫布發現美洲大陸後，塞維亞成為與「新大陸」的貿易港口；而航行世界一周的麥哲倫，也是在1519年從塞維亞出發。隨著西班牙失去海上霸權，塞維亞也結束了繁華的黃金時期，但1992年的世界博覽會，又讓這座城市向前邁進了一步。

這裡真不愧是陽光的世界，在盛夏來到塞維亞，要隨時補充水份，防曬工作也要做好——畢竟我們不是喜歡把膚色曬得越深越好的白種人。在這裡，我們也遇到了整趟行程的最高溫：攝氏43.5度！雖然乾燥的氣候不會像濕熱的台灣那麼難受，體感溫度也許像台灣的三十度，但仍然是酷熱啊。熱情的塞維亞真的很熱情地在歡迎我們呢！

偉大的時空：大教堂・希拉達塔 Catedral・La Giralda

西元1401年，有群人說了這麼一句話：「我們要建造一座大教堂，讓見到的人會以為我們瘋了。」他們開始著手建造，並在一個世紀後的1517年完成，之後各個時代不停增建，最後的增建在二十世紀初。這座建築成為西班牙最大的教堂、世界第三大教堂，僅次於梵蒂岡聖彼得大教堂、倫敦聖保羅大教堂。

這座建築，就是塞維亞的大教堂。它的原址是摩爾時代一座清真寺，天主教統治塞維亞後，起先將它當教堂使用，後來拆除建造更大的教堂，只保留原本的高塔——即希拉達塔——和庭院「橘樹中庭（Patio de los Naranjos）」。教堂內部並不算太華麗，但氣派恢宏，有好幾個精緻的禮拜堂、管風琴、雕像、名畫等，其中最引我注意的就是哥倫布之墓（Sepulcro de Cristóbal Colón）。

克里斯多福・哥倫布（Christopher Columbus〔英〕／Cristoforo Colombo〔義〕／Cristóbal Colón〔西〕），相信沒人沒聽過這個名字。一般相信他於1451年出生在義大利的熱那亞，他自小就對航海有興趣，擬定了向西航行前往亞洲的計畫，但十幾年間一直不被歐洲各國的統治者接受，直到1492年，西班牙「雙王」的伊莎貝拉女王終於願意資助他——他如何說服女王、以及女王如何說服夫婿費迪南國王，有眾多說法，但真相始終是個謎。

哥倫布共出航大西洋四次，將許多中南美洲地區納為西班牙殖民地，並「發現」了美洲大陸——但他始終認為他到的地方是印度，直到後來一位探險家亞美利哥（Amerigo Vespucci）發現那並非印度，而是真真切切一塊「新大陸」，於是便以亞美利哥之名命名。哥倫布的第四次遠航毫無所獲，因此不再被皇室看重，最後於1506年在鬱悶中病逝。

▼ 大教堂前的廣場

▼ 大教堂內部

關於這位航海家，歷史評價仍爭議不斷。究竟哥倫布是位發現者、冒險者，還是侵略者、征服者？也許，都是。他開啟了西班牙輝煌的海洋時期，讓歐洲走進了新的光明世代，卻也帶給美洲黑暗的奴隸苦難，對印地安人殘暴的壓制；他究竟是什麼樣貌，有太多不同角度能解釋。但歷史在他過世後給他的光輝，卻是抹滅不了的。

哥倫布的墓究竟在何處，現在還眾說紛紜：西班牙認為他葬在塞維亞大教堂，而中美洲的多明尼加共和國也宣稱他葬在聖多明哥。但無論如何，塞維亞大教堂中的哥倫布之墓的確特別，它雕刻著西班牙四王國的國王——卡斯提亞（Castilla）、雷昂（León）、亞拉岡（Aragón）、納瓦拉（Navarra）——由四邊抬著哥倫布的靈柩，可以看出西班牙給予這位航海家多高的榮耀。

由大教堂裡面，可以直接爬上希拉達塔。這座塔是塞維亞的地標，高約九十八公尺，是最初建在這裡的清真寺的宣禮塔。它建於1184到1198年間，原本的圓頂在天主教接手後改為尖塔，在1568年時又增建了文藝復興式的鐘樓，上面有一座手持旗子的女子青銅像，象徵「信仰的勝利」，從地面看小小的，但它實際上高3.5公尺。這座青銅像會隨著風轉動，有風向儀的功能，原本「希拉達」是它的名稱，後來變成了整座塔的名字。

▶哥倫布之墓

以前為了讓馬匹也能上塔，塔中鋪設的是平緩的斜坡而非樓梯，斜坡環繞著上到塔頂，兩段為一圈的話，總共有三十五圈。雖然緩坡走起來不那麼吃力，但爬上希拉達塔仍是需要體力的事；不過，在喘息著上到頂重見天日後，一切都值得了。塔頂可以俯瞰塞維亞市區，以及跟希拉達塔相連的大教堂全貌。真的要說，若身體許可的話，來到大教堂一定要上希拉達塔！雖然市景還沒到美不勝收的地步，但靠著自己的力氣一路爬上來後，藍天、陽光、建築，一切都會顯得這麼美好。然後，再沿著坡道「轉」下塔，你會覺得自己像完成了什麼壯舉。

偉大的教堂、高大的鐘塔、宏大的事蹟、遠大的年代，大教堂和希拉達塔仍聳立著，繼續為下一個世紀，述說遙遠的傳奇故事。

◀從橘樹中庭看希拉達塔

◀ 從希拉達塔上俯瞰旁邊的大教堂

▼ 從希拉達塔上俯瞰塞維亞市景

伊斯蘭巡禮：阿爾卡薩宮
Real Alcázar

伊比利半島的歷史，一直跟信奉伊斯蘭教的摩爾人息息相關，許多城市都或長或短地受過摩爾人統治，因此，在這些地方可以看到不少伊斯蘭文化的痕跡。塞維亞即為其中之一；而代表性的，就是跟大教堂隔一個廣場的阿爾卡薩宮。

❶ 阿爾卡薩宮的入口：獅子門
❷ 少女中庭（Patio de las Doncellas）

▲ 阿爾卡薩宮內部精緻的拱門雕刻

「阿爾卡薩（Alcázar）」這個字，是「王宮、皇家城堡、要塞」之類的意思，在西班牙很多城市都有阿爾卡薩宮。塞維亞的這座，初建於十二世紀，在摩爾時代只是防禦要塞，後來在十四世紀中後期時，有「暴君」之稱的佩德羅一世（Pedro I）大幅修建了這座宮殿。這位國王極為醉心伊斯蘭文化，仿造西班牙伊斯蘭宮殿的經典——格拉納達的阿爾漢布拉宮——改建這座宮殿，據說他還會穿著阿拉伯式的服裝，在宮內用阿拉伯語下指令。

這是我們這趟旅程踏入的第一座伊斯蘭式宮殿，感覺真的跟歐洲傳統的城堡很不同。不是美形的睡美人城堡，而是帶著些許神秘的阿拉丁宮殿；沒有尖塔，

▲ 阿爾卡薩宮的花園

◀ 阿爾卡薩宮裡有很多彩色瓷磚的拼飾的牆

沒有一幅幅皇室油畫，卻有精細到不可思議的雕刻，以及鮮艷美麗的瓷磚牆壁。再走到花園，各式植物與噴泉、建築相交錯，配上藍到極致、沒有半點雲的天空，又是另一種熱帶風情。

走入一場夢境：西班牙廣場
Plaza de España

快被炙熱的艷陽曬昏頭時，向前一看，忽然被眼前的景緻震懾了。

歐洲到處都是廣場，對於廣場你可能早就不屑一顧，但當你看到這座廣場時，絕對無法再等閒視之。這座廣場有典雅的半圓狀建築，兩邊各是一座塔，有一整排由拱門和圓柱組成的迴廊，四處都可見到精緻的彩色磁磚裝飾，前方則有一條運河，河上架著幾座拱橋；另一邊的廣場有一座噴泉、繁花和古典燈座，偶爾一輛馬車駛過，將整個空間帶入歐式的貴族氛圍。

這是西班牙廣場，堪稱全西班牙最美麗的廣場。這個說法我完全不會質疑，甚至覺得，這是我所見過最迷人的廣場。這座廣場屬於瑪麗亞露易莎公園（Parque de María Luisa），1928年建造完成，是為了1929年在這裡舉行的西屬美洲博覽會（Ibero-American Exhibition）而建。沿著建築物有五十八張長椅，椅上及地上用磁磚拼貼出西班牙各地區的特色及地圖。

太陽仍在高空「烤」著我們，但也許因為這樣，萬里無雲的天空藍得賞心悅目，整片廣場就像不小心從童話中掉出來的場景。是的，我已經完全被迷住了。也許是我掉進了一個夢境、一個歐式羅曼蒂克故事，也許下一秒，那輛馬車再駛來，我們全都會開始一場華麗的冒險。

◀ 西班牙廣場

安達魯西亞的靈魂：佛朗明哥 Flamenco

來到西班牙，尤其是安達魯西亞，有一件不能不做的事：欣賞佛朗明哥！如果要說西班牙的特色代表，除了鬥牛之外就是佛朗明哥了，而塞維亞更是這種舞蹈的發源地。因此，這天我們來到了附晚餐的大型佛朗明哥表演場。

佛朗明哥的確切起源，和葡萄牙的華多音樂一樣，早已不可考。最多人相信的說法是源自吉普賽人。十五世紀時吉普賽人進入安達魯西亞，也帶進了他們的文化及傳統音樂、歌舞；安達魯西亞長年來都有許多民族定居，包括基督教徒、摩爾人、

▼ 我們看的佛朗明哥表演

猶太人等等，吉普賽人的歌舞融合這許多民族的音樂舞蹈，就成了佛朗明哥的基礎。十九世紀時，原本只是娛樂、慶典歌舞的佛朗明哥，開始進到酒吧表演，出現專門表演佛朗明哥的“Cafe Cantante”；二十世紀後半開始，佛朗明哥主要都是在「舞坊（Tablao）」或劇場表演。

傳統佛朗明哥的元素是：舞者、歌手、吉他。早期女性舞者較注重上半身及手部的動作，男舞者則著重腳步動作，但隨著時代演變，現在許多舞者已不再區分男女的差別。而雖然最受一般人注意的是舞蹈，但音樂也是不可或缺的一環，甚至是整個表演的靈魂。這種歌曲稱作“Cante”，帶著哀愁及流浪的氛圍，歌者用沙啞的唱腔，唱出帶有深深情感的旋律，不過現代的佛朗明哥也會融入其他不同的歌曲風格。歌舞的伴奏早期是拍掌或響板，十九世紀後則通常是吉他，而響板仍時常會加入成為舞蹈元素。

不過，身為觀光客的我們，最注意的仍是舞蹈部分。尤其一曲〈卡門〉奏出後，身穿鮮豔紅裙的女舞者熱情地舞出場，吸引了全場的目光；卡門和男主角若即若離、和其餘女角色較勁挑釁，都構成了精彩的舞步和動作。時而明亮、時而昏暗的燈光，時而悠緩、時而激烈的舞蹈，時而深沉、時而高昂的情緒，構成了安達魯西亞的靈魂，佛朗明哥之夜。

步出表演場時接近九點，天色仍明亮，白天炙烈的陽光現在溫和地斜斜照下。走過無數個歷史年代，走過無數個日月更迭，陽光之都塞維亞，在悠緩的步伐中，還有許許多多說出口與未說出口的故事。■

閃耀的傳奇山城：隆達 Ronda

抵達這座山城時，正值中午，太陽高掛，街道上是一片慵懶的氣息，我們也趕緊鑽進餐廳先享用午餐再說。

這個地方早在三千年前就有人跡，跟西班牙所有古老城鎮一樣，也經過許多民族統治，由於地理位置易守難攻，直到1485年，天主教的「收復失地運動」才把隆達從摩爾人手中奪回。隆達建在岩石山岬上，由瓜達雷敏河（Rio Guadalevín）的深谷將其分成新城和舊城，舊城區整個立在山壁上，壯觀的地形成為這裡的一大特色；而另一項特色，也是來到隆達不能忽略的——鬥牛。

山城的傳奇風景：鬥牛場 Plaza de Toros

隆達之所以有名，因為她是近代鬥牛的發源地。

以往鬥牛是貴族的娛樂活動，鬥牛士是騎在馬上和牛競技的。十八世紀時，有一次隆達舉行騎馬鬥牛的活動，一位鬥牛士連人帶馬摔倒在地，就要被狂猛的鬥牛攻擊，在千鈞一髮之際，有位旁觀的人衝進場內，用寬沿帽子吸引鬥牛的目光，救了這位騎士。這個人名叫法蘭西斯科・羅美洛（Francisco Romero），他以此為基礎，設計了以紅布誘引牛、徒步的鬥牛方式，後來演變成現在所看到的鬥牛術。他有位孫子更有名——佩德羅・羅美洛（Pedro Romero）——被稱為「鬥牛之父」的傳奇鬥牛士，他刺殺過將近六千頭牛，現在他的雕像就立在隆達鬥牛場外。

▶鬥牛士的服裝和用具

午後，我們親近隆達的第一個地點，就是鬥牛場。這座建築是西班牙最古老的鬥牛場之一，於1784年開幕，後來又關閉整修，1785年重新開放。場內直徑六十六公尺，環場周圍是兩層樓的圓拱形，共有136根圓柱，可容納五千名觀眾。這座鬥牛場現在已很少進行鬥牛演出，平時開放購票參觀，只有在每年九月的第二週會舉行「哥雅式（Goyescan）鬥牛」，鬥牛士以十九世紀的哥雅式服裝登場，以紀念創立這套鬥牛術的佩德羅・羅美洛。而鬥牛場附設有鬥牛博物館（Museo Taurino），展示鬥牛用具、服裝、相關畫作和資料，以及知名鬥牛士的畫像和介紹。

◀佩德羅・羅美洛的浮雕像和畫像

鬥牛場內艷陽高照，據說觀眾席的座位有分曬不到太陽和會曬太陽的，價錢自然前者貴、後者便宜。場中央是炙熱的黃沙地，配合巴洛克式的圓形建築，充滿雄偉壯闊的氣息；人們在這裡熱血沸騰地欣賞表演，鬥牛士在生死邊緣奪得美名和地位，牛隻則在這裡迎接牠們的死亡。西班牙人視鬥牛為一項偉大的藝術，但其實對我來說，是不忍也不敢觀看真正的鬥牛的；畢竟這種以殺死生命為內容的活動，不管是藝術或娛樂，不管技術高超或血腥，對我來說，都不是迷人的風景。

英勇或殘酷，隨你怎麼看。

不過，不可否認地，鬥牛是西班牙的特色，更是隆達的傳奇；可以不看鬥牛表演，但別錯過了，山城珍藏的時光與故事。

▼鬥牛場

山壁上的午後：舊城區

在午後的隆達，就是要悠閒地緩步而行。隆達的新城區是平緩的街道，有新式商店和餐廳，一路走到了舊城區，又是另一種不同的氛圍。舊城區位在山坡上，道路時而寬敞、時而狹小，高低起伏，許多房子就建在岩石山壁邊，俯瞰下去是深深的河谷、或遼闊的山谷。

連接新城區和舊城區的，是這裡最有名的景色：新橋（Puente Nuevo）。最初於1735年便在這裡建一座橋，花了八個月完成，但六年後倒塌，造成五十人喪生；後來在1751年時再次嘗試，這次花了四十二年建造，於1793年才完成，這就是現在看到的這座新橋。這座石橋跨越太加斯河，高九十八公尺，底下是深淵般的斷崖峽谷。有傳聞說建這座橋的建築師在將完工時，從橋上自殺或意外墜落身亡，但這其實不是真的，這位建築師後來搬到馬拉加（Málaga），成為一位名建築師，並在那裏終老。

▲ 新橋

◀新橋

和安達魯西亞許多地區一樣，隆達舊城區也有不少白牆房子，從橋上、觀景台上眺望，佇立山壁上的白屋襯托出這裡神奇的地形。在這樣的夏日午後，有許多街頭藝術家在各處表演著，繪畫、工藝、演奏、唱歌……我們則是被一個吉他彈唱的雙人組合吸引，佇足聆聽帶有安達魯西亞風味的歌曲，我也不例外地買了他們的CD，將陽光山城的音樂帶回家。

悠哉地遊走舊城區街道，隨意一望都是吸引目光的景色，短短一段路就可以走好久。這是隆達的午後，傳奇一樣的地形，傳奇一樣的鬥牛，這座山城，繼續在陽光之下閃耀著。■

▼仔細看右上方的觀景台，有一部份是整個懸空的！

▼ 舊城區立在山壁上的房子

白色的山城之夏：米哈斯 Mijas

也許在這裡，時間是凝結的。在這個白色的天地，遊人在四處走著，天空在頭上藍著，也許某一個偶然，你會被一個瞬間迷住。

安達魯西亞有好幾座被稱為「白色山城」的城鎮，通常位在山麓、山丘或山坡上，環境充滿了南歐風情，而房屋，是令人憧憬的白。米哈斯即為其中之一。這座山城位在海拔425公尺的山腰，歷史可追溯到羅馬時代，而現在是座熱門的觀光鎮，紀念品店和商店林立，更不乏來自八方宇內的遊客。

一下車，首先映入眼簾的是一排驢子，有些背上有坐人、有些沒有，這幅景象像極了希臘的聖托里尼島（Santorini）！驢子是米哈斯有名的觀光用交通工具，甚至成了這座山城的代表標誌之一，有「驢子計程車（Burro Taxi）」之稱。不過，當時在聖托里尼我們是騎著驢子爬坡而上，現在，我們則選擇用雙腳，徒步慢慢親近這座迷人的小城。

▼ 爬上階梯眺望米哈斯

如果被蒙著眼睛帶來這裡，一睜眼，跟我說這裡是希臘，我絕對會相信。還沒走多遠，一整片白色房子就讓我心花怒放，只差了優美的藍白配，但這裡雅致的陽台、花朵和藝品，完全不輸希臘小島風情。順著階梯而上，一瞬間，我們便置身在石板鋪成的白色巷道中，兩邊牆上掛著一整排盆花，陽台邊也有叢叢花朵，鮮豔的顏色襯在鮮白的牆壁上，是視覺的享受。

安達魯西亞的夏日，當然，艷陽高照，但似乎就是要搭配豔陽，才能顯現這座山城的風采；人們的穿著也融入了環境，滿街都是炎夏打扮的遊人。轉個彎，由階梯往上的小路就是這裡最美的「聖賽巴斯汀大道（San Sebastián）」。路旁住宅都有小巧的門、彎曲或雕花的黑色窗欄和陽台、古雅的壁燈，門旁或壁上偶爾會看到巧妙的工藝品，商店招牌也造型各異，不禁再次懷疑住在西班牙小鎮的人，是否都有藝術家因子？據說，許多藝術家或作家都喜歡米哈斯悠然的氛圍，便移居到這裡，現在這座小城的居民有一大部分是外國人。

爬上階梯，再拐個彎，到了上頭的小街巷，人煙便較稀少了。安達魯西亞一年有三百天以上都是大晴天，這一帶的海岸就名為「太陽海岸（Costa Del Sol）」，從米哈斯的高處可以眺望得到。但還有更吸引我們的景色。陽光照得白屋鮮亮亮地，一名小男孩和一隻狗兒閒坐門口，彷彿底下的喧騰都和他們無關，眼前我們一群外國觀光客也早成了熟悉的風景。而我們忍不住駐足，多看了他們一下，也許，方才階梯下的觀光名景都不是真實，只有這小男孩和狗兒，才是米哈斯真正的風景。

這座白色山城，我覺得消磨一整天都不夠。

不，她不是希臘，在相似的外殼中，米哈斯有屬於自己的個性。說她已經觀光化了也好，說她被商業化轉型了也罷，只要還有這些白屋、盆花、街巷，只要還有這樣一個讓時間凝滯的午後，我就依然會流連忘返。

這是米哈斯，白色的山城之夏。■

▲ 聖賽巴斯汀大道

最後的摩爾天堂：阿爾漢布拉宮Alhambra

在安達魯西亞，你絕對忽略不了伊斯蘭文化的駐跡；而要說最具代表性的地點，非這座城市、這座宮殿莫屬：格拉納達（Granada）的阿爾漢布拉宮。

格拉納達王國，是統治時間最長的伊斯蘭王國，也是摩爾人在西班牙的最後據點。1236年，原本的摩爾大城哥多華被天主教拿下後，伊斯蘭教徒便逃聚到格拉納達，納斯里王朝（Nasrid）在這裡繼續統治了兩百五十多年，這座城市成了最後的摩爾之都。1474年，卡斯提亞王國的伊莎貝拉女王和亞拉岡王國的費迪南國王聯姻，夫妻共同治理，成為西班牙史上著名的「天主教雙王」；兩大王國的結合，讓天主教勢力更形擴張，「收復失地運動」更加風起雲湧。同時間，摩爾國王哈山（Muley Hassan）愛上一位基督教女子，王后起而對抗，最後罷黜掉哈山國王，小王子巴布迪爾（Boabdil）即位。天主教雙王利用摩爾王國這段衰弱時期，展開動作，1492年初，終於拿下了格拉納達王國，將伊斯蘭勢力驅逐，完成天主教的收復西班牙運動。

格拉納達王國的最後兩百多年，不僅整座城市的經濟、文化達到前所未有的繁榮，阿拉伯藝術也發展到極致，使格拉納達成為伊斯蘭教遺留的瑰寶。阿爾漢布拉宮，集精緻華美於一身的建築，正是在最後的摩爾時期興盛起來的。

▲從阿爾漢布拉宮眺望格拉納達

◀阿爾漢布拉宮

“Alhambra”，意為「紅色宮殿」，這個字在西班牙文的念法其實比較接近「阿朗布拉」的音，有時念「阿爾漢布拉」還會讓當地人聽不懂。從停車場要走一段林蔭道路才會到宮殿範圍，甫下車還是炎熱的豔陽天，但一進到林子周邊，氣溫瞬間涼快了起來，空氣中都是清新怡人的氣息；且不只庭園和林子，建築物區也都是這樣的舒適感覺，就像有天然空調一樣，這座宮殿的偉大真的不只在藝術方面。

▶桃金孃中庭（Patio de los Arrayanes），前方的宮殿是格瑪雷斯宮（Comares）

阿爾漢布拉宮大致是1238年納斯里王朝統治時開始建造，歷經多任君王的增建，城內陸續完成一座座宮殿，一直到十四世紀中後期，才達到現在所看到的樣子。各座宮殿都有令人嘆為觀止的精緻雕刻，不管是柱子、圓拱門、圓頂、庭園、牆壁，每個部分都是藝術品，而綜合起來就成了故事裡會有的阿拉伯幻境。當天主教雙王拿下格拉納達後，他們也接收了阿爾漢布拉宮，繼續使用著這些摩爾建築，只是增加了一些教堂和修道院，無形中，天主教和伊斯蘭教形成一種巧妙的結合。

但當時間走到十八、十九世紀時，這座宮殿已逐漸荒廢，甚至成了軍營、或小偷盜賊們聚集的場所；昔日的輝煌不再，阿爾漢布拉宮正慢慢被世界遺忘。這時，一名美國人拯救了它。1829年，美國外交官兼作家華盛頓・歐文（Washington Irving）造訪阿爾漢布拉宮，在這裡住了三個月，寫下《阿爾漢布拉故事》。這是一個開端，世界又看到了這座曾是珍寶的宮殿。十九世紀後半，阿爾漢布拉宮的修復工作展開，漸漸地，這座宮殿脫離了廢墟的模樣，終於，又重現了昔日耀眼的光彩。

▲宮殿內各處都是精緻至極的雕刻

▲「雙姊妹大廳（Sala de las Hermanas）」，形如鐘乳石的頂部裝飾

在阿爾漢布拉城內，有座宮殿的樣子和其他建築截然不同，這是卡洛斯五世宮（Palacio de Carlos V）。卡洛斯五世（或也稱「查理五世」）是天主教雙王的孫子，他於十六世紀來到阿爾漢布拉宮時，決定建這座文藝復興式的宮殿，是這裡唯一在天主教統治後興建的大型建築。這座建築是外圍方形、中央圓形的奇異造型，內部是兩層樓的圓迴廊，圍繞著整圈的希臘式柱子；雖然建築本身很有特色，但對照周圍的其他宮殿，可以看出是屬於不同時空的。

我們晃進這座宮殿的時間剛剛好，有群加拿大遊客正在一樓迴廊，先是一名女士開始唱歌，接著整群人便唱起了加拿大國歌，歌聲迴盪在空曠的圓形空間，不但完全不嘈雜，反而有種奇特的動人感。對我來說，這是種懷念，如同以往在學校合唱團時，一群人出遊會在山間、草地、或任何合適的地方隨興唱歌；唱得好不好都不要緊，這時候的音符，是一種相聚、一種盡興的感覺。於是，帶著這種懷念，跑去跟領唱的女士合影，另幾名加拿大人還很熱心地主動幫我們照相，留下和音符的相遇。

▶卡洛斯五世宮的外觀

▲卡洛斯五世宮內部

遊覽過阿爾漢布拉城的範圍後，往前走一點，會看到另一座宮殿和花園，這是赫內拉利菲宮（Generalife）。這座宮殿雖然緊鄰阿爾漢布拉宮，但它並不在阿爾漢布拉城的城牆內。這是納斯里王朝的夏宮，建於十四世紀，當國王想要遠離繁雜的政事，稍微放鬆一下時，就可以到這裡來；而因為這座夏宮離阿爾漢布拉宮很近，若有緊急事件，國王也可以馬上回去，既可以顧到大局，又能享受寧靜的山林庭園。

赫內拉利菲宮是由一座宮殿建築和許多個庭園組成，換句話說，它有廣闊的一大片庭園；因此，有人說，赫內拉利菲宮的庭園比起宮殿本身還要了不起！

▼ 從赫內拉利菲宮眺望

它的庭園，真的挺了不起的。赫內拉利菲宮的中庭和庭園最大特色就是「水」，水道、水池、噴泉處處皆有，夏日遊走其間，光看著就有消暑的感覺。清幽、清新、清涼，放眼望去，有造型或自然生長的綠樹花朵遍布，小徑穿梭其中，欣賞得太入迷還會一下迷失了方向，被包圍在優美的植物天地中。

▶赫內拉利菲宮的宮殿建築

◀赫內拉利菲宮的庭園

走出阿爾漢布拉宮時，沿路仍是綠意遍布，而我們還意猶未盡，不想走出這座穿越幾載時空的幻境。昔日的摩爾人已不見蹤跡，但他們留下了稀世寶藏，讓後人永遠記得他們；阿爾漢布拉宮，這是最後的格拉納達光輝，最後的伊斯蘭瑰寶，最後的摩爾天堂。■

文化交融的殿堂：哥多華 Córdoba

晴朗的午後，陽光下的哥多華顯得悠緩閒適。

現在的這座安達魯西亞城市，已經看不出當初顯赫的盛況，遊人來來去去，或觀覽或度假，就如同其他所有的觀光市鎮。沒有塞維亞慵懶的熱情，沒有格拉納達「最後之都」的精華，但她有獨一無二的、交融的文化，俯拾之際，就散落在街巷建物間，就散落在故事與故事之間。

哥多華這座城市首次出現是什麼時候，已經久遠到不可考，但在羅馬時期，她就已經是西班牙屬地的首都；711年，伊斯蘭教徒入侵安達魯西亞，在受原統治者西哥德人迫害的猶太人內應之下，拿下哥多華，並設為首都，這時的哥多華已是繁榮的經濟文化中心。756年，逃出巴格達的烏邁耶王朝（Umayyad）在哥多華即位，開啟之後全盛的「後烏邁耶王朝」時期。十世紀時，哥多華已成為歐洲最大都市之一，也是西方伊斯蘭世界的最大城市；當時的人口達到五十萬（現在只有不到三十萬），城內有三百多座清真寺。

▶羅馬橋

黃金時期的哥多華，偉大的地方還不只這些。這時期，哥多華成立了西班牙第一所伊斯蘭大學。當時的歐洲處在中古黑暗時期，許多古希臘羅馬文獻都是以阿拉伯語傳入哥多華，歐洲各地的學者和學生聚集到這座城市，將這些學問翻譯成拉丁文，才將許多重要學問——如亞里斯多德、托勒密等——傳播出去。

Taberna
las
Comedias
ASADOR
RESTAURANTE
EL TOREO
ASADOR
Coca-Cola
FLAMENCO
PIZZERIA

◀ 猶太人街的街道

▼ 百花巷

哥多華的重要地位一直持續到1236年，天主教「收復失地運動」奪回了這座城市。在此之後，哥多華便逐漸沒落，不再是歐洲數一數二的大城，在安達魯西亞地區也被塞維亞和馬拉加超越。但歷史在這座城市留下的駐跡沒被磨滅，天主教、伊斯蘭教、猶太教三者交融的文化繼續存在哥多華，讓這裡卸下繁華大城的光環後，反而有更多獨特的角落值得探索。

而對於迷上白屋子的我來說，哥多華最吸引我的景觀就是猶太人街（La Judería）的百花巷（Calleja de las Flores）。這個區域在清真寺北側，徒步就可以到達。猶太人在歷史上一直是被迫害及流亡的一群，但在摩爾人統治期間，他們在哥多華享有還不差的地位，後來天主教統治後，他們和留在西班牙境內的伊斯蘭教徒又再度被驅逐。不過，這個優美的猶太人街留存了下來，幾條街道都是由白牆房子組成，尤其是被稱為拍照名景的百花巷。狹窄的巷道中，牆上掛著一整排雅致的盆栽，抬起頭，可以從建築間隙看到襯著藍天的清真寺尖塔；遊走在這個角度的哥多華，是另一種小巧的夏日氛圍。

我們在哥多華住的旅館，位在一座長形公園的對面，晚餐後，到公園去漫步享受還明亮的天光。公園裡人聲沸騰，散步的、閒坐聊天的、悠閒吃喝的，還有在水池邊玩耍的孩子們，另一側就是車站，從馬路對面看得到明亮的燈時鐘。總擔心常耳聞的西班牙敗壞治安，只敢散步這麼一小段，但也慶幸，終究出來認識了日常生活的哥多華，卸下歷史塵衣，她也是座平易近人的城市。

而這一刻，卸下白天的燥熱，晚風，很清涼。

伊斯蘭與天主教的對話：清真寺 Mezquita-Catedral

如果要說西班牙最偉大的兩座建築，除了阿爾漢布拉宮之外，就是哥多華的清真寺。多少遊人為了一睹它的真面目而來，而我也要這麼說：不管你從哪裡來，造訪哥多華錯過了清真寺，就不算來過哥多華！

這座清真寺始建於785年，後烏邁耶王朝第一位君王「阿布杜・拉赫曼一世（Abd ar-Rahman Ⅰ）」之時。它的最大特徵就是一排排紅白交錯的雙層拱門，由白色大理石和紅磚交相建成，底下兩邊則是用圓柱支撐，整座清真寺有850根這種石柱，原本有一千

多根，但中央改成教堂時拆毀了一些。這真的是很壯觀的景象！帶著神秘又絢麗的氛圍，彷彿下一秒就要跳進另一個奇異時空。一路往前走，將走過一個又一個世紀。清真寺在初建後的兩百多年間，不斷在擴建，第一部分是八世紀建的，再來會走進九世紀，往前則是十世紀的部分，轉個彎往另一側，則是十世紀更晚期所建；在最後擴建完畢後，這座建築可容納兩萬五千人，面積有22400平方公尺，是西方世界最大的清真寺。

◀清真寺的高塔，原本是伊斯蘭教的宣禮塔，天主教接管後改成了鐘塔

◀金碧輝煌的伊斯蘭教壁龕（Mihrab）

▼清真寺的高塔

雖然名為清真寺，但它實際上是清真寺也是天主教堂。這座建築原本是很明亮的，天主教徒接管後，把大部分的門封起來，並改了入口處。而最重大的改變，則是十六世紀時，卡洛斯五世（或稱查理五世，就是在阿爾漢布拉宮中建宮殿的那位天主教君王）將中央的部分改建成大教堂，因此你會在巡遊這個伊斯蘭空間時，忽然撞見一座宏偉的大教堂。這座教堂的確也精緻，但比起周圍的紅白拱門，還是顯得平凡；據說，在大教堂建成之後，卡洛斯五世如此嘆息道：「毀了一座世間罕有的珍寶，卻建了一座到處都有的建築。」

不過，這也成了哥多華清真寺的一大特色，沒有另一座建築像它這樣，把兩種截然不同的宗教元素結合在一起，且歷經幾世紀仍是精彩的奇景。而卡洛斯五世說得沒錯，清真寺本身就是一件曠世的藝術品，它的廣大、奇異、恢弘、瑰麗，在摩爾時期輝煌，在天主教時期被讚賞，在現代也令遊人迷眩其中。我想我愛上了這裡的紅白拱門，在其中或疾步或緩行，驚嘆著、沉醉著，而自己本身，早已成了藝術品的一部份。

哥多華是個殿堂，哥多華的清真寺也是個殿堂。昔日輝煌的都城如今已沉寂，但記憶並沒沉寂，在這個文化交融的空間裡，繼續述說著你和我都意想不到的故事。■

◀清真寺中的大教堂

荒原的騎士之夢：唐吉軻德與風車村

在拉曼查的某個地方，地名我不想記起了……

這是西班牙大文豪塞凡提斯（Miguel de Cervantes Saavedra），在他最有名的作品《唐吉軻德（Don Quijote de la Mancha）》第一部第一章的第一個句子。也許你對塞凡提斯這個名字沒印象，也許你感覺似曾相識，也許你想不起來唐吉軻德是什麼，但你一定聽過這個故事——有關瘋狂的騎士、瘋狂的幻想、瘋狂的旅程。

在拉曼查（la Mancha）的鄉下，住著一名窮紳士，他生活中最大的興趣就是讀騎士小說。越讀越多之後，他開始覺得自己是位騎士，於是為自己取了「唐吉軻德」這個名字，騎著一匹瘦馬，出門去維護正義。後來，他覺得騎士身邊必須有位隨從，於是找了他的鄰居——矮胖的農夫桑丘．潘沙（Sancho Panza），以許多美好的條件說服了桑丘，並答應給他總督的職位，兩人便一同出發行俠仗義。

但唐吉軻德的「行俠仗義」，就只是他自己眼中的「行俠仗義」；他這個騎士，也只是他自己眼中的騎士。他的旅程其實荒誕可笑，把旅店當城堡、把羊群當敵軍、把風車當巨人發動攻擊，還把鄉村女子當成他的公主情人「杜西妮亞（Dulcinea）」；他所看到的，都是他幻想出來的人事物。於是，他的每段旅程都是一樣的結尾：遍體鱗傷地被送回家鄉。在最後的決鬥失敗後，又被送回家的唐吉軻德臥病在床，忽然清醒了過來，發現騎士小說裡都是騙人的東西，不久後，他就在這個「大發現」中抑鬱而終。

據說，塞凡提斯寫這個故事，是為了諷刺當時流行的騎士小說。但隨著這部作品流傳越廣、騎士小說隨著時代逐漸消失，這個初衷也慢慢被淡忘，到現在，人們提及《唐吉軻德》最會想起的，是主角勇往直前、執著夢想的精神。不過，時至今日，這部小說已成為世界最重要的作品之一，而作者塞凡提斯，更是西班牙無人不曉、地位極高的大文學家。

塞凡提斯生於1547年，家境貧寒，後來加入軍隊，在戰中受傷造成左臂殘廢。返航的途中，他被一列船隊俘虜，足足當了五年的奴隸，期間經歷三次失敗的逃亡，才終於被家人用重金贖回。返回西班牙後，他擔任稅務工作，但又因工作而入獄多次；他在《唐吉軻德》的序言中提到，這部作品即自己在入獄期間所作。塞凡提斯於1605年出版《唐吉軻德》第一部，書出來後大受歡迎，但卻未改善他的生活處境，第二部於十年後出版。

在第二部出版後的隔年，1616年，塞凡提斯便在貧困中過世。他過世的日期和英國大文豪莎士比亞同年同月同日，雖然有人說當時兩國曆法計時不同，可能不是同一天，但大部份人仍然相信是同天，西班牙人並運用這個巧合，把塞凡提斯和莎士比亞並列為兩大文學巨擘。如今，代表西班牙的第一人，非名人非富豪，而是塞凡提斯筆下的唐吉軻德——這個甚至不是真實存在的人物。

我們現在所在的地方，就是唐吉軻德冒險的舞台——拉曼查。這個地區位於西班牙中部，由一大片茶褐色的荒原組成，間歇有葡萄園和小村落，遼闊的景色很符合騎士奔騰的原野。故事中，唐吉軻德和桑丘在這裡留下一連串足跡；現實中，西班牙觀光旅遊局則規畫了一條「唐吉軻德之路（Ruta de Don Quijote）」，將故事中提到或影射的地點標出，讓現代的唐吉軻德們也能一圓騎士之夢。

▼ 從康斯艾古拉的山丘上眺望拉曼查平原

騎士的腳步：拉皮斯港 Puerto Lapice

如果像我們一樣，沒辦法完全跟隨唐吉軻德的腳步，那麼至少，也要選幾個地點「瞻仰」一下。

夏日午間的拉曼查，陽光活力十足地烘烤著大地，我們在這個時間來到了拉曼查地區。午餐的地點是一個小村莊，名叫「拉皮斯港」，但她為人所知的並不是名字，而是我們吃飯的這間餐廳——La Venta de Don Quijote，意為「唐吉軻德客棧」。

▼ 唐吉軻德客棧

這裡是塞凡提斯實際住過的客棧，也是符合《唐吉軻德》故事中所描述的客棧。唐吉軻德在冒險途中經過這裡，覺得這是一座城堡，城堡主人可以受封他為真正的騎士，但在「受封」的前夜，他即在這裡與人大打出手。客棧原本的名字已不可考，因為《唐吉軻德》大受歡迎，這裡於是定名為「唐吉軻德客棧」，現在則不是旅館了，是餐廳和紀念品店，並有提供《唐吉軻德》故事中出現的拉曼查鄉土料理。

不管這裡是否真有塞凡提斯和唐吉軻德的足跡，這都是間很有特色的「客棧」。它的建築是我所愛的藍白配，進去有一個四方型的中庭，有一圈開放式迴廊，四周佈置著農具，洋溢著濃濃的農家風味；中庭和「客棧」外頭都各有一座唐吉軻德雕像，外面牆上也有唐吉軻德與桑丘的剪影圖像。這是座靜謐的小鎮，只有這間餐廳周圍人潮如織，想必，大家都是跟著唐吉軻德來的。

❶「唐吉軻德客棧」中庭的唐吉軻德像
❷ 很農家味的建築佈置
❸ 對面房子的牆上有唐吉軻德和桑丘的剪影圖像
❹「唐吉軻德客棧」門口外的唐吉軻德像

ARTeSANiA
QUESO
VINO
ACEITE OLIVA
AZAFRAN
DULCES TIPICOS MANCHEGOS
GASTRONOMIA
MANCHEGA
OLIVE OIL
WINE
SAFFRON
SOUVENIRS
WATER

◀康斯艾古拉的一排風車與後方的碉堡

風車的午後：康斯艾古拉 Consuegra

距離拉皮斯港不遠處，就是其中一座著名的「風車村」——康斯艾古拉。其實在小說中，唐吉軻德風車大戰的地點是另一座風車村「克里普塔納（Campo de Criptana）」，但康斯艾古拉也並列在「唐吉軻德之路」上，因為這裡也有同樣經典的風車景色，並且可以遠眺整片拉曼查平原。

康斯艾古拉位於山丘底下，是座人口只有八千人的小村，這裡盛產西班牙特有的「番紅花（azafrán）」，在海鮮飯中是必備元素，也是許多料理的調味品；每年十月底，番紅花的採

▼ 從山丘上眺望康斯艾古拉村鎮

收時期，這座小村會舉行熱鬧的番紅花節。不過，康斯艾古拉最著名的景色不是村裡，而是山丘上好幾座壯觀的風車和後方的碉堡。遠看時，風車只是小小如玩具般立在山頭，一登上了小丘，瞬間，風車變得近在咫尺，真如好幾名巨人！這些風車已經沒有在使用，現在成了遊人的最佳拍照景點，可以近拍風車，也可以攝入山下整片有房子與沒房子的原野。

在山丘上，太陽同樣炙熱，但多了足以把帽子颳到山下的風。唐吉軻德衝向風車時，也是這般炙烈的感覺吧，在他眼中的巨人大軍，則不費吹灰之力地將他掃出他們的領域。忽然佩服起唐吉軻德的勇氣，義無反顧地衝向這些當時還在轉動的龐然大物，是什麼樣的感覺呢？也許，不應該笑他，因為只有他懂，什麼是自己真正想完成的事。

現在的風車們，靜謐地佇立在山丘上，只聽著風，望著平原。曾經萌芽在這片荒原的騎士之夢，隨風飄著，沒有凋謝，正飛向比這個故事更遠的世界。■

時光凝結的古都：托雷多 Toledo

遠眺、近觀，當你一踏入這座城市，你就進入了時空的漩渦。

跟這座城市的初次見面，是隔著環繞城區的塔霍河（Rio Tajo）。烈陽照耀下，似乎每一絲空氣都蒸騰著，我們躲在樹枝遮蔭下，用鏡頭捕捉了盤據山丘的整個城區。灰撲撲但不顯陳舊的色調、藍得沒有一絲雜質的天、高低起伏的道路，這是托雷多，走過漫長時空的古都。

托雷多在羅馬時代就是防禦都市，560年成為西哥德人的首

▼ 眺望托雷多城區

都，後來711年被伊斯蘭教徒佔領。1085年，卡斯提亞王國的阿豐索六世（Alfonso VI）拿下這座城市，並定為天主教西班牙的首都，一直到1561年遷都馬德里。托雷多不再是首都後，政治經濟地位逐漸沒落，人口也大幅銳減（如今只有約七萬人）；現在的景觀和十六世紀相似，時間彷彿凝結在那個瞬間，使她成為一座充滿古味的小城。不過，教會的首席教宗仍在托雷多，今日她是西班牙的重要宗教城市。

這座城市像之前造訪的哥多華一樣，融合了天主教、伊斯蘭教、猶太教三種文化。摩爾人統治了托雷多三百多年，而猶太人一直佔有重要的經濟地位，托雷多曾是西班牙最重要的猶太人都市；在十三世紀阿豐索十世（Alfonso X）統治期間，托雷多是公開的文化討論地，三種不同宗教的人們共同創立翻譯學校，將希臘與阿拉伯的學問翻成羅曼語，再傳播到歐洲其他地方。三種宗教的信徒一直都在托雷多和平共處，直到1492年，「猶太人驅逐令」讓大批不願改信天主教的猶太人離開西班牙，不久後的十六世紀初，不願改信的摩爾人也被驅逐出境。但儘管如此，他們豐厚的文化仍在這座城市留下痕跡，使托雷多成為多種風格的殿堂。

▼ 舊城區街道

遠眺過托雷多市景後，我們過橋登上城區。為什麼說「登上」？因為托雷多也算是座山城，市區範圍是一整座小丘。若要參觀高處的景點，用雙腿爬應該會耗去一斤汗及大半體力，不過這座城市很貼心，設計了幾段長長的電扶梯，只要搭乘電扶梯，就能迅速地「登上」托雷多。到頂點後，映入眼簾的是舊城區，房子沒有太多色彩，但古味十足，隨便找一棟都不知道有幾世紀的年齡；或寬或窄、或起伏或平緩的鋪石街道，也彷彿回到了中世紀。穿梭在這樣的空間，感覺每跨一步，都在走回另一個時代。

▶大教堂

留住輝煌：大教堂．聖多美教堂
Catedral · Iglesia de Santo Tomé

以很藍的天為背景，托雷多的大教堂就佇立在廣場邊。廣場不算大，因此，教堂門面顯得氣勢輝煌。

托雷多的大教堂，和塞維亞的大教堂、巴塞隆納的聖家堂並列西班牙三大教堂。這座教堂建於1226年，由費迪南三世下令建造，1493年完工，屬法國哥德式樣貌，不過後來又有多次增建及改建，混入了各種不同藝術風格。教堂內有精緻的雕刻、金碧輝煌的聖壇，並收藏有不少宗教名畫及雕塑；這座大教堂現在是西班牙教會總部，也是大主教教堂。

沿著古樸小街往前走一段，會看到另一座教堂——聖多美教堂。這座教堂擁有摩德哈爾式的六角形高塔，但它的重點並不在建築、甚至不在教堂本身，而是由於這裡收藏有畫家艾爾・葛雷柯（El Greco）的名畫「奧加茲伯爵的葬禮（Entierro del Conte de Orgaz）」。

艾爾・葛雷柯於1541年出生在希臘克里特島（Crete），1577年來到托雷多為一座修道院繪畫，自此定居在這座城市。「艾爾・葛雷柯」其實並不是這位畫家的本名，他的本名是“Domenikos Theotocopoulos”，但由於他來自希臘，這裡的人便稱呼他為「艾爾・葛雷柯」，西班牙語中是「那位希臘人」的意思；久而久之，這個稱呼幾乎取代了他的名字，除了簽名時他還會簽本名以外，基本上已經沒人記得他的本名是什麼。他在托雷多許多地方都留下繪畫作品，於1614年去世於這座城市。

聖多美教堂大廳中的「奧加茲伯爵的葬禮」，就是葛雷柯的代表作。聖多美教堂原建於十二世紀，十四世紀時欲重建，奧加茲伯爵每年提供大額資助，一直到他過世也不中斷，由他的子孫繼續贊助教堂。傳說，在他的葬禮上，兩位聖者——聖奧古斯汀（Saint Augustine）和聖史蒂芬（Saint Stephanus）——親自下凡埋葬他的遺體。

但經過許多世代，伯爵的某代子孫忽然終止了贊助，教堂的神父告上法院；因為每年贊助是承諾過的慣例，伯爵的子孫敗訴。神父因為這件事，決定要有一幅畫來紀念伯爵當年的善行，這便是葛雷柯的這幅「奧加茲伯爵的葬禮」。畫作的下半部描繪伯爵葬禮上的奇蹟，上半部則是天使將伯爵的靈魂引領至天堂，基督和聖母正等待著他；不過葛雷柯的年代已跟伯爵差了兩百年，因此這幅畫有點時空錯亂，畫中人的打扮都是畫家生活的年代，非伯爵時代的樣貌。而如同許多名畫，畫家本人也出現在畫中，就在左邊聖者頭上；拉著聖者衣服的小男孩則是葛雷柯的兒子，小男孩口袋露出一角的白紙上，有畫家的簽名。

◀奧加茲伯爵的葬禮

走入，走出，時光的古都

　　步出聖多美教堂，托雷多的豔陽仍蒸騰在我們頭上。但遊走小街道是有趣的事，從房屋間隙中窺看藍天，偶爾在一些有趣的店停下來，或者，望著石塊疊成的圍牆，幻想這裡曾經發生過什麼樣的故事。

▶ 我們的旅館門口

我們這晚在托雷多的飯店也很特別，是一座山坡上的古式建築，名叫"Cigarral El Bosque"。我們的房間在二樓，落地窗直接開出去就是一大片庭園，有芬芳的薰衣草和各式植物，遠處還可以眺望剛才走過的舊城區。傍晚在餐廳後方、清晨在庭園，如果望向天空，都可以看到美麗的夕陽或日出，兩種不同的色調，但雲彩都很迷人，光影氛圍都很醉人。以西班牙人的習慣吃完晚晚的晚餐，這一夜，我們也難得在天暗得很晚的西班牙看到了夜景：在淡淡的薰衣草芳香中，天空由橘紅變淺藍，由淺藍變深藍，晚風輕輕吹來，城區的燈慢慢地點亮，一盞，一盞，又一盞。

這座古都，在日與夜之間，在時代與時代之間，不斷沉眠與甦醒。如同二十四時不同的光影，時光也凝結在每一種顏色中，等待下一個遊人前來，遇見一座建築、一塊石磚、一幅景色，進行下一場時空之旅。■

❶ 紅色建築是我們的房間，落地窗直接開出來就是一大片庭園
❷ 難得看到燈光夜景
❸ 幻麗的日出光影
❹ 晚餐間隙，也要享用夕陽

凝望古代與現代：塞哥維亞 Segovia

造訪塞哥維亞的這天，難得地，天氣竟然涼快無比。來到西班牙後，我們已經習慣了如同大烤箱的溫度（雖然比起台灣仍舒服很多），而這天的氣溫，就像是讓我們避暑，只有天邊隱隱幾片烏雲不那麼完美。

因此，在穿梭這座城市時，格外清新舒暢。塞哥維亞也是座歷史悠久的要塞城市。傳說，挪亞（Noah）的後代來到這裡並定居下來，而可信的是西元前的「塞爾特——伊比利人」曾在此

留下足跡；之後的羅馬人時代，這座城市開始發展，並留下了壯觀的地標——羅馬水道橋。像西班牙其他地方一樣，塞哥維亞也又經歷了西哥德人、摩爾人的統治，最後回到了天主教徒手中，成為卡斯提亞王國的重要中心都市；不過，也和其他不少城市一樣，十六、十七世紀後便逐漸沒落，如今是人口五萬多的小城。

但塞哥維亞的風采不減，因為離馬德里不算太遠，她現在是馬德里居民喜愛的度假地，也是各地遊人蜂擁的觀光城。對於喜愛歐式古味的我，遊走古城一直是種享受，隨便一條街道、一棟房子都可以佇足欣賞，然後不小心，又被拉進某一個時空中。

▲ 塞哥維亞的大教堂（Catedral）

凝視古往今來：羅馬水道橋

Acueducto Romano

第一眼見到塞哥維亞，你絕不會忽視一座佇立在廣場上的巨大建物。這是許多遊人來這座城市的目的，也是塞哥維亞現在最引以為傲、也的確有資格驕傲的地標——羅馬水道橋。

傳說，一位魔鬼愛上了一名美麗的少女。少女每天的工作是從遙遠的泉源取水到城中，魔鬼於是說，他能夠在一夜之間建造出一座水道橋，條件是少女必須把靈魂給他。少女答應後卻害怕，向聖母瑪莉亞禱告，於是，聖母在魔鬼搬最後一塊石頭之前，讓公雞提早鳴叫。這麼一來，魔鬼沒有在早晨之前完成水道橋，不算達到他的承諾，而少女保住了自己的靈魂，也不用再每天辛苦地取水了。因此，這座水道橋又稱為「魔鬼之橋」。

而真實的情況是，這座水道橋是羅馬人巧奪天工的作品，確切建造的年代已不可考，一般相信是在西元一世紀前後。水道橋全長728公尺，最高的地方即我們所在的廣場處，有29公尺高，全部以花崗岩塊堆疊而成，沒有使用任何接合劑。它原有158個拱門，在1072年時一位摩爾國王欲毀壞它，但他的部下用盡全力只能毀掉其中三十六個拱門，因此其餘部分得以保存下來。水道橋是用來將十六公里外的河水引入城中，一直到1884年都還在使用；1928年時在橋上架置水管，於是，它直到今日都還間接地為塞哥維亞市民服務。在1985年，水道橋與舊城區一同被列入世界遺產。

這真的是壯麗又偉大的傑作！這座水道橋，和之前梅里達見到的是不同的感覺：梅里達那座周圍是清幽的風景、如畫的色彩，但規模遠不如這一座；這座則是位於市中心，沒有漂亮的顏色襯托，但建物本身是壯觀的規模，足以令人讚嘆。古羅馬人真的是神奇的民族，曾經創立那麼大的帝國，在歐洲各地都留下驚人的建物，以及各式各樣的故事和傳說；儘管帝國已經不存，這些「遺產」依然屹立不搖，繼續觀看著一代代盛與衰。

◀羅馬水道橋

雄偉與夢幻：阿爾卡薩宮 Alcázar

穿越過城區，走到盡頭就會看到一座城堡，這是塞哥維亞的阿爾卡薩宮。這座城堡初建於十二到十三世紀，但1862年發生一場大火，1882年重建，現在看到的大部分是重建後的樣貌。城堡佇立在城區最西端的高處，如果你覺得它的樣子有點眼熟，你並沒看錯，這是迪士尼《白雪公主》電影版的城堡原型，在雄偉中帶著點夢幻風格。

1474年，卡斯提亞國王恩立克四世（Enrique IV de Castilla）過世，王國內發生爭取王位的動亂，最後由已逝國王的異母妹妹勝出。這位妹妹之前不願聽從兄長安排的利益婚禮，離開宮廷，秘密和亞拉岡王國的王子結婚，四處奔走尋求支持，終於得以繼承王位。她在塞哥維亞的阿爾卡薩宮加冕，成了卡斯提亞女王，當時她只有二十三歲；後來，她成了收復西班牙的君王，和夫婿一起開創了西班牙的黃金世代。這位傳奇女王，即是之前許多城市都提到過、「天主教雙王」之一的——伊莎貝拉女王。

爬上城塔，遠眺塞哥維亞周圍景色，一邊是市區，一邊是房屋漸少的郊區。不禁想像，在同樣的這個地方，不同的幾個世紀，曾經發生過哪些驚心動魄的事；而我們，正巡遊在城堡守護著的、塵封的時光中。

❶ 阿爾卡薩宮
❷ 從城堡內的窗口眺望塞哥維亞市郊
❸ 爬上城塔
❹ 城堡內這幅畫就是伊莎貝拉女王被加冕時的景象

1

2

3

4

水道橋旁的特殊風味：烤乳豬 Cochinillo Asado

有人說，塞哥維亞有三大代表物：水道橋、阿爾卡薩宮、再來就是烤乳豬了。因此，我們既然「親近」了前兩項，自然不能錯過第三項。

我們午餐的餐廳名叫「坎迪多餐廳（Mesón de Cándido）」，是這裡最有名的烤乳豬老店。這家餐廳就位在水道橋旁，開幕於1884年，由十五世紀的房子改裝而成，經營者就是坎迪多家族。

在這裡吃烤乳豬有一項特別的「儀式」，在烤乳豬上桌前，會整隻放到大家面前，用一個瓷盤來切開烤乳豬，切完後，把盤子砸到地上摔成碎片。這天，由餐廳老闆親自進行這項「儀式」，近距離觀看整隻小豬其實有那麼點可怕，即使知道這只是一道菜；而雖然有心理準備了，「破盤子」也著實把大家嚇了一下。

這間餐廳的確很有中世紀歐洲風格，內部主要由木頭進行裝飾，到處都是古老的擺設。至於烤乳豬本身……喜不喜歡是因人而異，但若拋開看到整隻小豬被端出來的不忍心，我自己覺得還挺美味的。一大群人去吃的時候，每個人被分到什麼部位就是看運氣，被分到腿算是好部位，但要吃完它……可能就需要一個大一點的胃了。

享用完烤乳豬，我們目睹了一名年輕男子在水道橋頂上「散步」。他不知道從哪裡爬上去的，就這樣大喇喇地在上面行走，然後下到地面，和女伴匆匆離去。但不久之後，他就又被帶回這裡，因為一群警察已經鎖定了他，正和他「談話」。不知道他後來怎麼樣了，不過，在珍貴的水道橋上「散步」，總是一件破壞古蹟的行為。歐洲國家對古蹟的維護一向有目共睹，因此，導遊說，西班牙警察這次難得這麼有效率。

在廣場周圍漫步著，不一會兒，竟下起大雨來了！聽說在西班牙夏天要遇到雨不容易，早上看到的烏雲，果然預告著這不尋常的一天。雨中的古城街道，似乎換上了另一種樣貌，我們也趕緊躲到沒午休的店鋪旁；沒多久，雨過天晴，耀眼的陽光又露出頭來，天空也迅速轉藍，彷彿剛才的大雨並不存在。

踏上仍閃著水光的石板路，我們知道雨是存在過的。水道橋的拱門透出一幅幅藍天雲彩，比之完全晴朗的日子，更多了一絲風采。這是塞哥維亞，守護著許多時光的城市，她將繼續凝望著，在古代與現代的間隙，收藏一幅幅被記得與被遺忘的風景。■

▲用瓷盤切開烤乳豬的「儀式」
（這位就是餐廳老闆）
►我被分到的一份烤乳豬

活躍的近代首都：馬德里Madrid

在綴有雲彩的美麗天空下，我們抵達了馬德里。

這是和其他國家一樣的熱鬧首都，但也是和其他國家不一樣的近代首都；馬德里有大都市的繁榮，但比起歐洲、甚至西班牙的其他大城，她是座很年輕的城市。馬德里最早的歷史記載在西元九世紀末，伊斯蘭君王穆罕默德一世（Mohammed I）在山丘上建防禦堡壘，當時這裡只是一個小村落，名為「馬立特（Mayrit）」，後來天主教稱為「馬格立特（Magerit）」。1083年，卡斯提亞王國的阿豐索六世（Alfonso VI）征服托雷多後，馬德里也回到天主教徒手中，但那時依然是個小村子。

馬德里變成一座城市，一直要到1561年，菲利浦二世（Felipe II）將首都和皇室從托雷多遷來這裡。馬德里瞬間成為西班牙的政治中心，開始快速發展，各項建設迅速完成、人口迅速增加，但也因為太過急迫，在接下來的一段時間，這裡成為一座問題重重的城市。十八世紀後，幾任君王的大幅改革、發展，馬德里終於漸漸走上秩序之路，現在她是座人口三百多萬的大城市。

西班牙繪畫殿堂：普拉多美術館 Museo Nacional del Prado

只要對藝術有一點點興趣的人，來到馬德里，都不能錯過西班牙的繪畫殿堂、也是世界十大美術館之一的——普拉多美術館。這間美術館的建築建於1785年，原本並不是要作為美術館，後來皇室決定將數量龐大的收藏品開放給民眾參觀，於是在1819年開幕。因此，這裡主要展示的就是西班牙皇室收藏品，並陸續加入許多珍貴作品，大致上為十二到十九世紀西班牙、義大利、法國、荷蘭、法蘭德斯的畫作。

參觀普拉多美術館，最大的重點是西班牙三大繪畫巨匠——艾爾・葛雷柯、委拉斯蓋茲（Diego Velázquez）、哥雅（Francisco de Goya）。葛雷柯即為在托雷多定居的「那位希臘人」，畫作以宗教畫為多；委拉斯蓋茲1599年生於塞維亞，是菲利浦四世（Felipe IV）的宮廷畫家，代表作多為此時期作品。而哥雅則是1746年生於西班牙東北部，三十歲之後才邁向畫家之路，後來也成為宮廷畫家；他向來不畏於輿論和威權，會畫出帶有諷刺味或超出時代的作品。哥雅後期的畫風轉變，走入黑暗的氛圍，甚至有羅馬神祇將孩子活生生吃掉的畫作；他的諸多代表作充滿各種截然不同的風格。

❶ 普拉多美術館其中一側的哥雅雕像
❷ 我們從這個門進去
❸ 普拉多美術館一側

走訪這座美術館，有一幅神奇的畫令我印象深刻，那是委拉斯蓋茲的代表作〈侍女（Las Meninas，或稱「菲利浦四世一家人（The Family of Philip IV）」）〉。就算你沒聽過這個名字、沒聽過這位畫家，你也可能會對這幅畫有印象。畫作的正中央是小公主，周圍是服侍她的侍女們，後方門外的樓梯上有一個人，而左邊是一幅大畫版的背面，旁邊一名手拿畫筆的男子就是畫家自己。畫中每個人面對的角度都不同，但大致上都向著前方，也就是我們正觀看的方向。仔細看這幅畫，畫的後方有一面小鏡子，鏡中有兩個模糊的人影，那就是國王和王后，因此在畫中的這個瞬間，國王和王后正來到這個房間，大部分人都被吸引了注意力；而我們看畫的觀眾，則是和國王王后站在同一個地方，向內觀看。

▲ 委拉斯蓋茲的〈侍女〉

欣賞完館藏，如果喜歡畫作或紀念品的人，還要記得多留點時間，這裡的紀念品店也是很精彩的。我就在這裡被「吸住」了，一不小心，買了一堆和剛才那幅〈侍女〉相關的東西。這裡除了書籍、畫作複製品，還有各式月曆、書籤、記事本、磁鐵等等，總覺得這類用品比一般純觀賞的紀念品實用多了，且都很賞心悅目，有興趣的話，把美術館的一部份帶回家也是不錯的事。

閃耀的貴族世界：皇宮 Palacio Real

既然來到了馬德里，不去皇宮就太說不過去了。這個地點在九世紀時就是摩爾人的堡壘，天主教徒統治後成為皇家城堡，在馬德里被定為首都後，皇室便遷到這裡；但1734年時，有一場延燒三天的大火將它摧毀，菲利浦五世（Felipe V）決定在原址建一座新皇宮，於是在1764年，現在的這座皇宮建成。這座雄偉的建築一直到1931年阿豐索十二世（Alfonso XII）之前，都是皇家居所；現在皇室住在郊區的宮殿，這裡只有招待外賓和官方活動時使用，平時開放參觀。

皇宮的內部，和歐洲其他皇宮一樣，都是金碧輝煌，充滿精雕細琢的裝飾。這座皇宮共有2700間房間，其中五十間左右開放參觀。進去之後是主階梯，周圍是象牙白的色調，天花板上的壁畫著實吸引了我的目光；而上樓之後，一連串的御用設備、皇室畫像令人目不暇給。

印象最深刻的是宴會廳，一列長桌兩旁排滿了椅子，兩列併起來的話總共可坐一百五十人！這樣同席的有誰，應該都沒辦法全知道吧。忍不住想起了電影和故事中看到的，歐式宮廷的餐宴景象：位子的安排總是要經過巧思，而一場飯吃下來，也總是社交的意義比享用食物要多，時常會關係到利益。在故事中，這種場面總是吸引歐風迷的我，但在現實方面，覺得要過這種生活其實挺辛苦的，崇尚自由的人，應該不適合皇家生活吧。

▲ 皇宮

美麗的還不只皇宮內部。到了廣場，天空又是醉人的藍，美麗的雲彩也依然飄浮其上，配上輝煌的宮殿建築，真的很有壯闊的氣勢；另一邊是一排拱門，襯出去的天空彷彿一幅幅框邊的畫。而我愛上了廣場的燈，黑色的基體鑲著金邊，是種典雅又貴氣的風格，拿藍天白雲襯著它，意外地，有種超現實主義的感覺。

❶ 皇宮
❷ 廣場邊一排拱門框著天空
❸ 廣場的燈襯著藍天，莫名地有種超現實感
❹ 從廣場可以看到皇宮對面的阿穆德納大教堂（Catedral de Nuestra Senora de la Almudena）

城市腳印，馬德里的街

在這座城市，藝術和皇家生活要瞻仰，大街小巷也不能不去親近。於是，撿到了點閒暇時間，我們便好好逛一下馬德里的街。

▼西班牙廣場，後面黃色棚架裡就是市集

馬德里最主要的購物大道是格蘭大道（Gran Via），許多老店新店、大店小店、名店和沒有名的店都在這裡，還有劇院、百貨公司、速食店等等，我們的旅館就在這附近。如果你想買東西、瞻仰名牌、撿便宜貨，或者只想感受他們的市區生活，都可以來這裡；但這裡也是人潮洶湧的地方，聽多了「偷搶事蹟」的我們，格外提高警覺，所幸都沒發生什麼事。

歐洲夏季天暗得晚，但店家到了八點多，依然紛紛打烊。隨便找一家速食店解決了簡易的晚餐，我們再晃到西班牙廣場（Plaza de España），意外地發現了搭著黃色棚架的市集，趕緊鑽進去逛。這裡以飾品居多，也參雜有衣服包包，或者少數的堅果類食品。感覺逛市集比一般的店有意思，常常可以挖到特別的寶物——我和朋友就各挖到了一條項鍊，心情愉悅地離開。

天色終於漸漸轉成深藍色，而廣場上仍然聚集著或坐或站的人。入夜的馬德里，似乎還是熱鬧喧騰的時刻，照許多西班牙人的習慣，這個時間，一天應該才過一半吧。但不是西班牙人的我們不敢再逗留，在天全暗之前，趕緊回到安全的旅館內。

馬德里，是座活力十足的城市，也是不斷向前走的城市；也許她沒有悠久的歷史，但她包含著豐富的文化。藍天、藝術、宮殿，街道、光影、人群，在這座年輕的首都，一切都正在進行，一切也都正在開始。■

高第的奇異之城：巴塞隆納 Barcelona

也許，有時候比起首都馬德里，不少人會更知道這座城市。這是兼具時尚與藝術的空間，這是歷史感和現代感並存的地方，只有在這裡，能品嘗這麼多樣的文化，也只有在這裡，能看到如同奇異國度的建築；這裡是西班牙東北部的海岸，這裡是巴塞隆納。

巴塞隆納是西班牙第二大城，人口約160萬，僅次於馬德里，是加泰隆尼亞（Cataluny a）自治區的首府。在西班牙統一

之前，許多地區都是獨立的王國，直到現在，每個地區其實都還像是一個個國家，有自己獨特的文化，而這之中，加泰隆尼亞尤為甚。這個地區最早出現人跡，可追溯到將近四千年前的農業民族，而巴塞隆納的城市基礎則是在羅馬時期建立；之後，八世紀落入伊斯蘭教徒手中，九世紀時又到了基督教的法蘭克王國（L'empire carolingien）之下，由巴塞隆納伯爵（comtes de Barcelona）統治，伯爵日益擴張勢力，最後擁有整個加泰隆尼亞地區，形同一個獨立的國家。十二世紀時這個區域被併入亞拉岡王國，「天主教雙王」聯姻後，便成為西班牙的一部份，後來，更失去了自治權。

但加泰隆尼亞的獨特性已經形成，並不會輕易被抹消。二十世紀佛朗哥（Francisco Franco）獨裁政權結束後，這個區域又重新成為自治區，獨裁時期被禁的加泰隆尼亞語成為兩種官方語言之一。因此，現在在這個地區，常常你聽到的並不是跟其他地方一樣的西班牙語，而是加泰隆尼亞獨特的語言；如果你要這裡的人表明身份，很多人會說自己是「加泰隆尼亞人」，而非「西班牙人」。

初抵巴塞隆納是下午，一陣清涼的風拂來，溫度也舒適怡人；天空蔚藍著，雲朵半遮著太陽，形成一種神幻的光影。而隔天下午，我們在主街道逛著，人潮洶湧，邊走邊緊張地注意自己的包包和周圍的人，這是另一種氛圍。不過，當被路人手上的冰淇淋吸引，鑽進旁邊的店買一支一模一樣的吃時，幸福的感覺又蓋過一切。

這座城市的風景，千姿百態。

巴塞隆納的傳奇：高第
Antoni Gaudí i Cornet

來到巴塞隆納，不能不先認識一個人。你大概早就知道他，早就從各個地方看過他的建築作品；在巴塞隆納到處都見得到他，可以說，這座城市由他的作品構成，他已經成了這座城市的象徵，世界各地的人都來這裡瞻仰他的奇思異想。他的名字是高第。

安東尼・高第於1852年出生在加泰隆尼亞的雷烏斯（Reus），父親是製造鍋爐的工匠；他從小患有風濕症，無法跟其他孩子一起玩，但也因此養成了延續一生的散步習慣。後來，高第進入巴塞隆納的建築學校就讀，他並不是特別傑出的學生，但他是個優秀的製圖者，許多學生時代的作品已可以看出他的創造性。

但千里馬總是要有伯樂的，高第的伯樂出現在1878年，名叫尤塞比・奎爾（Eusebi Güell），是一位富有的實業家。奎爾看到高第所設計的一個玻璃陳列櫃，便被吸引了目光，想見見這位設計者，於是他邀請高第到他的住所。這次會面奠定了兩個人一生的友誼，及對彼此的尊敬，此後，奎爾便開始委託高第建造諸多建築，成為他的支持者及資助者。可以說，沒有奎爾，就沒有後來的高第，更沒有今天迷人的巴塞隆納市景。

高第在這些建築作品中，充分表現出他獨特的創造力，他也因為這些建築而揚名。三十一歲時，他成為聖家堂的第二任建築師，之後他持續建造這座絕世僅有的建築，尤其晚年更完全奉獻在這上面，自己的生活樸素而簡單。1926年六月的一個下午，高第正進行他例行的散步，並如往常沉浸在自己的思緒時，一列電車撞上了他；據說他當時衣著破舊，沒人認出他就是著名的建築大師。三天後，高第過世，被葬在聖家堂未完成的聖壇地下室中。

◀巴特婁之家（Casa Batlló），也是經典的高第作品之一

◀聖家堂博物館中的高第照片

這位天才建築師，已經成了巴塞隆納的標誌。幾十年過去了，高第作品的魅力不但不減，反而越來越多人嚮往、甚至迷上他幻想般的風格。他的諸多建築被列入世界遺產，在巴塞隆納造就了他之時，他也造就了這個奇異之都。

高第的聖靈傑作：聖家堂
Basilica de la Sagrada Família

從遠處眺望，這座建築就顯得很不可思議，它高高聳立著，且不只一個塔高高聳立，而是好幾個，以後還會有更多個；走近看時，建築表面的形貌，會更令你驚奇和驚嘆。這是全巴塞隆納、甚至全西班牙最奇特的建築。如果說整個西班牙只能選一個景點參觀，我會說，那就是這裡，就是這座未完工已懾服無數人的建築——聖家堂。

聖家堂，可說就是高第的大半生，直到他過世，直到現在，這座建築都還未完成。聖家堂由建築師畢列爾（Francesc de Paula del Villar）始建於1882年，隔年轉交由高第繼續建造，之後的四十三年高第都持續這項工作，最後十二年他甚至推掉了其他建築案子，專注在聖家堂。

按照高第的設計，這座教堂會有十八座高塔：三個側面各四座塔，代表十二門徒；往內則有四座塔代表四福音者，而這四座塔環繞著最高的中央塔代表耶穌基督——這座塔將有170公尺高；另有一座塔代表聖母瑪莉亞。高塔之下，三個側面各是一座大門：東側的「誕生之門（Nativity façade）」、西側的「受難之門（Passion façade）」、南側的「榮耀之門（Glory façade）」；在高第生前只完成「誕生之門」及其上一座高塔，我們造訪的現在（2011年）則完成了「誕生」、「受難」兩個門面和八座高塔。全部工程預計2026年會完工，但確切誰知道呢？反正，就如高第自己說過的：「我的客戶並不急。」客戶是誰？就是讓高第奉獻晚年的上帝。

未完成的現在，聖家堂已是很驚人的建築物。不管觀賞外觀、或欣賞內部瑰麗的裝設，都會忍不住從頭讚嘆到尾，很想知道高第頭腦裡究竟想些什麼。內部的設計依然融入了高第常用的自然意象，一根根高聳的柱子如同一棵棵樹木，站在教堂內部感

▲彷彿森林的聖家堂內部

▲誕生之門

覺像站在森林中，且是很奇異的一座森林。另外，地下室還有聖家堂的博物館，介紹聖家堂至今的歷史、它奇特的結構、高第的發想及設計，走一遍會更了解這神奇的建築和它的建造者。

而我們覺得最神奇的是在「受難之門」一側，有個類似數字方格的方塊。這是個數字組合，乍看之下雜亂無序，但觀察一下，橫列、直列、斜的、四個角落、中央四格……無論你怎麼湊，只要有規律地找出四格，四個數字加起來一定是33！33就是耶穌受難時的年齡。這是個小小的一隅，若沒有仔細聽解說或看說明，很容易忽略掉它；參觀聖家堂真的每個角落都要細看，你會不斷發現隱藏在其中的微妙象徵。

不過，造訪聖家堂，要有人滿為患的心理準備。我們早上前來，參觀完一圈要逛紀念品店時，竟然要排隊才能進去！大家都想把高第傑作的一部份帶回家哪。等到我們近中午要離開時，連進入教堂內部都要排隊了，看來想參觀熱門景點，還是早上早起點好。

而聖家堂帶給我們的驚奇不只這些，在這個早晨，我們在少雨的夏季西班牙遇到了第二場雨！雨中的氣溫微涼，雖只是綿綿細雨，卻帶走了原本應該襯著高塔的藍天，讓我們只能拍下灰濛濛的背景。不過，也無妨，來到奇異的作品前，就要來點不一樣的氛圍吧。延續百年的曠世傑作，還要繼續創造傳奇，而不可思議的建築師，也繼續以這個傳奇留在人間。

◀神奇的數字方格

高第的童話王國：奎爾公園
Park Güell

高第的奇想世界，當然不只雄偉的聖家堂，往巴塞隆納外圍走，你會發現一個童話王國——這是奎爾公園。

這座公園，其實原本並不是公園。奎爾先生原本委託高第在巴塞隆納的市郊山坡，建造一座六十戶的英式花園住宅區，於1900年始建；但後來買方多認為這裡距離市區太遠不方便，有興趣的人很少，於是工程於1914年完全停止，奎爾在1918年去世，1922年他的子孫便提供這裡給市政府，成為了公園。因此，這裡原本預定的住宅只有兩戶完成，其中一戶高第自己買下來，從1906到1925年，將近二十年都居住於此，直到最後他搬去住在聖家堂的工作室；這棟建築現在是高第之家博物館（Casa-Museu Gaudí），展示高第設計的家具和他使用過的物品。

就算從住宅區變成了公園，這件作品仍是很迷人的幻想天地。在奎爾公園，每個角落都吸引了我們的目光。這裡不是規規矩矩的整齊花園，也不是美輪美奐的優雅城池，這裡是可以滿足最天馬行空想像的地方，每個設計都是奇幻夢境；進到奎爾公園，彷彿進到了每個人小時候都憧憬過的童話王國。這個王國，在1984年被列入世界遺產。

在奎爾公園，最廣大的區域就是中央廣場。高第和奎爾都很欣賞希臘文化及劇場，因此，這個廣場被高第稱為「希臘劇場」。廣場最受歡迎的還不是廣場本身，而是周圍呈波浪狀的長椅，這些長椅以瓷磚做馬賽克式的拼貼裝飾，綿延半圈，如同廣場的彩色鑲邊；長椅本身是高第的作品，而上面的拼貼裝飾則是跟他合作的建築師胡侯爾（Josep Maria Jujol）所設計。且長椅也不只是美觀，它們的設計是符合人體工學的，我們實際去坐了一會兒，如果不是椅上沾著之前的雨水，還真不想起來。

▲ 廣場邊波浪狀的長椅

▶百柱市場

廣場前方有一個充滿列柱的空間，稱為「百柱市場（Sala de las Cent Columnes）」。這裡由八十四根石柱頂著波浪狀的屋頂，頂上有好幾個圓形的馬賽克裝飾，仔細看，每個圖案內部還有更細緻的圖案；這個區域原本是要作為住宅區的市場，石柱原本也是要建一百根的，但最後沒有全部完成。從旁邊的階梯向下走，中間會看到一隻身上也拚貼著馬賽克瓷磚的蜥蜴——或者說是小龍。牠雖然只是個裝飾，但已成了整座公園的標誌，許多和奎爾公園有關的書、月曆、明信片等商品，都會放上這隻動物；因此，這隻蜥蜴（或彩龍）的身旁也總是人滿為患，要找一個人稍微少點的時機拍照，得要費點功夫。

▲ 成為奎爾公園標誌的彩蜥蜴（或說是彩龍）

樓梯下來的地方，也是奎爾公園一個受歡迎的區域。這裡是原本住宅區預定的入口處，已經建好了兩棟小屋，左邊是管理室，右邊是守衛室。這兩棟屋子的造型真的太童話了！石頭的牆、各種形狀的窗子、彩色的窗框、不規則狀的屋頂……守衛室這棟有座藍白小塔，上面有個可愛的十字架——這棟現在是間紀念品店，裡面有各式高第商品和介紹資料；而管理室那棟的窗戶由各色圓形圍著，得到了「糖果屋」這個暱稱。

▲ 原預定為守衛室的小屋

▲ 原預定為管理室的小屋

這兩棟房子——不，應該說這整座公園真是太令我心花怒放了！忍不住想像，若這裡真的建成住宅區、真的住進這些奇境小屋，會是多棒的感受；不過，它是公園也好，我們才能像現在這樣隨意遊逛，親近這些迷人的設計。這裡值得花一整個下午、甚至一整天來悠閒地漫步、欣賞，或者找個地方坐下，看著來來往往的遊人、佇立不動的景物，感受一下高第世界的奇妙氛圍。

在這裡，在這個童話王國，什麼都不做就是一種享受。

高第的幻想奇境：米拉之家 Casa Milá

體驗完了高第的教堂和公園，市區住宅也是不能錯過的，在這其中，有棟建築是遠近馳名的代表作——米拉之家。

有時候，這座建築並不被叫「米拉之家」，打從它在建造期間，巴塞隆納人便給了它一個暱稱——「採石場（La Pedrera）」。遠遠看，它還真像由石頭堆疊而成的，而它的材料也真的是取自一座採石場的灰石；但它被賦予了波浪般的流動，整座建築像是柔軟的，沒有一個直角或硬梆梆的直線。米拉之家其實是兩棟建築，也各有一個入口，但它們被巧妙地結合起來，看起來就像一體成形。這是高第建於1905到1910年的作品，跟奎爾公園一樣，將他從大自然得來的「自然」意象融入建築中，而米拉之家也跟奎爾公園一起，在1984年被列入世界遺產。

這座建築是私人公寓住宅，可以參觀的只有地面樓、最上面一層樓和屋頂。光是站在中庭往上看，就會驚嘆於高第的奇思。若奎爾公園是童話王國，米拉之家就是幻想奇境，來這裡之前，大概只有在夢裡或電影裡會見到這樣的空間吧！至少，對於總希望墜入奇幻世界的我，是如此喜歡著這種設計。

進入米拉之家，大夥兒決定運動一下，爬樓梯上頂樓。屋頂上是米拉之家的極致，一走到外面，我有種進到太空世界的錯覺。高第最神奇的設計，就是把屋頂上的煙囪和通風口都變成不知名的形體，也許看介紹書會有各種詮釋，但我覺得可以任意想像，高第並沒留下一個標準答案。在我眼中，這是一個星際空間，有披著斗篷的大將，有戴著頭盔的武士，還有眼神散發神秘光芒的外星戰士，以及不知名的太空生物；在我們眼中這些都是靜止的，但也許，在不知道哪一個次元的異空間，正進行一場星際大戰呢！

這是我眼中的屋頂情境，不過，這是個幻想國度啊。所以，你也可以有你自己的世界。

從頂樓進到內部，就是介紹高第建築的展覽室（Espai Gaudí），有高第的平面設計圖、影片照片、以及模型。另外還有一間高第所設計的公寓可以參觀。這裡沒有那麼天馬行空了，但可以見到二十世紀初的住宅內部情形，我很喜歡這種典雅的歐式風，感覺在裡面拍照的自己也變優雅了。

走出米拉之家，毫不意外地，入口又是長長的排隊人龍。而我們仍繼續瞻仰著波浪狀的外觀，我心裡又忍不住想像，若能住在這樣的房子，會不會，也像愛麗絲一樣夢遊奇境呢？

❶ 我稱之為太空世界的屋頂
❷ 出現了不知名太空生物
❸ 另一種不知名太空生物

▲ 畢卡索美術館

跟隨藝術的翅膀：畢卡索美術館 Museu Picasso

在巴塞隆納，有無數間大大小小的美術館能夠參觀，有無數名曾在各個領域發光的藝術家可以認識。這一位畫家，想必你一定聽過他的大名、看過他幾幅作品，他是畢卡索。

巴布羅‧畢卡索（Pablo Ruiz Picasso）於1881年生於西班牙的馬拉加，父親是美術教師；畢卡索從小就展現了非凡的繪畫天分，父親親自栽培他，並送他到巴塞隆納及馬德里的學校，但後來由於生了場病，他沒有繼續馬德里的學業。之後，畢卡索陸續來往於巴塞隆納、馬德里、巴黎，曾經陷入極為貧困的時期，但他後來成為少數在世時便得到名聲和利潤的畫家。畢卡索後期的生活定居於法國，過世於1973年。

畢卡索九十二年的人生中，畫風經過多次轉變。比較特別的有幾個時期：「藍色時期」，大致為1901到1904年，一般認為畢卡索因為一名好友的自殺，陷入憂鬱的低潮，這個時期的畫作多帶著陰沉、晦暗的色調；「玫瑰時期（又名『粉紅時期』）」緊接在後，大致是1904到1905年，也有說法是到1906年，這個時期畢卡索與一位模特兒相戀，畫作多用明亮、鮮快的顏色，也少有前期的陰鬱氛圍；而後期的「立體時期」就和早期有極大差異，這個時期的畫作已經走向抽象，以破碎和重組為元素，突破傳統藝術的束縛。

在巴塞隆納的這間美術館，建築由十五世紀的舊亞吉拉爾宮（Palau Berenguer de Aguilar）整修而來，於1963年開幕，主要收藏畢卡索早期的創作，並能看到他幼年時期就極傑出的素描。可以發現他早期的風格和後來差異極大，早期的作品還沿習著傳統技法，有人形容為「成為畢卡索前的畢卡索」，如果對畢卡索不熟悉的人，很難想像這些畫作是出自大眾印象中抽象的他之手。

除此之外，也有少數畢卡索晚年的畫作。記得在普拉多美術館介紹過的、委拉斯蓋茲那幅〈侍女〉嗎？因為我對這幅畫的偏愛，在這裡，我印象最深刻的也是這個——是的我沒說錯，就在畢卡索美術館這裡。畢卡索在1957年，他七十六歲之時，以委拉斯蓋茲那幅圖為基礎，畫了一系列共四十四幅的〈侍女〉。不過，這可是跟原畫氛圍相差十萬八千里的〈侍女〉。你仍然可以看出原畫的形貌，但畢卡索的〈侍女〉是抽象版的，以許多形狀和各種不同色調詮釋這幅畫，有幾幅人的臉還是三角形、多邊形的。另外，還記得原畫鏡子中的國王和王后嗎？在原畫中可說是一個隱藏的主題，但在畢卡索版的畫中有個共通點：畢卡索不喜歡皇室權貴，因此鏡中的國王王后都很不清楚，大部分都是模糊的形影或兩個點，有些甚至根本不畫出來。

這一系列畫讓我們玩味了許久，原來一幅畫可以有這麼多「玩法」。即使不很懂美術也沒關係，以欣賞的心情來認識畢卡索，也許，你也可以在某一個契機，跟著藝術的翅膀來場飛行。

追隨畢卡索的足跡：四隻貓
4 Gats

觀賞完畢卡索的作品，可以跟隨他當年的腳步，悠閒地休息一下。在巴塞隆納的第二天午餐，我們便來到一條小巷子中，這裡有一家特別的餐廳，它有個好記的名字：四隻貓。

▲「四隻貓」門口

4CATS
②

③

①

十九世紀末時，有名男子在巴黎著名的「黑貓（Le Chat Noir）」歌舞酒館工作，他受那裡的氣氛影響，決定在巴塞隆納也開一家類似的餐廳；於是，1897年六月，「四隻貓」在巴塞隆納開幕。這間具咖啡館或酒館性質的店，成為許多藝術家、建築師、知識分子的聚會場所，當時正展開的現代主義運動，也在這裡有過許多討論。1899年，十八歲的畢卡索來到「四隻貓」，此後他在巴塞隆納的時間，便成為這裡的常客；他在這裡舉辦過展覽，還替這裡的第一份菜單畫了圖。但1903年「四隻貓」關閉，一直到1981年，「四隻貓」重新開幕，內部裝潢復原當年的模樣，讓現在的人也能感受當年的藝術氣息。

「四隻貓」店裡有著黃色的牆，因此，呈現出一種略帶黃色的光線。裝潢以木頭為主，並掛有不少畫作和雕刻，其中有幅大大的圖等於是這家店的標誌，我們的紙餐墊上也印著這幅圖，這是畢卡索的朋友畫的；而畢卡索為第一份菜單所畫的圖也可在牆上見到，真跡要往店的裡面走，外面那幅並不是原稿。整家店感覺有點小擁擠，但也必須如此，才能感受到十九世紀末、二十世紀初的咖啡館氛圍；當初有名人們的高談闊論，在現代，則是親朋好友聚坐用餐、喝飲料。

❶「四隻貓」內部
❷ 畢卡索為「四隻貓」第一份菜單畫的圖，現在還是菜單的封面
❸ 這幅圖算是「四隻貓」的標誌

我們吃的是三道式的套餐，而我愛上了其中第一道的麵。那是種略帶QQ的硬度、每根都短短的麵，盛成一盤吃起來好過癮！偏愛歐洲口味的我，回到台灣後，還對「四隻貓」的麵念念不忘呢。不過，就在我們要離開時，店內感覺有點混亂，似乎是兩名日本女生的包包放在椅子背後，無聲無息地被偷了！所以更要警惕自己及今後來西班牙的親朋好友，不論在哪裡，尤其是人多的地方，一定要隨時注意自己的包包。「四隻貓」很有名，因此人潮也多，就成了隱形偷兒下手的地方了。

但只要小心一點，在巴塞隆納，你還是可以遇到很多美好的人、事、物。除了畢卡索之外，還有很多藝術家等著你去認識；街上隨處走走都能遇到的高第作品，也還有很多值得探索的瑰寶。

高第之城，藝術與建築之城，時尚與歷史之城；在巴塞隆納，我們也留下了奇異的腳印。■

◀令我愛上的麵

釀旅人03　PE0023

舞一曲伊比利
──西班牙・葡萄牙

作　　者　邱千瑜
責任編輯　林千惠
圖文排版　蔡瑋中
封面設計　王嵩賀

出版策劃　釀出版
製作發行　秀威資訊科技股份有限公司
114 台北市內湖區瑞光路76巷65號1樓
電話：+886-2-2796-3638　傳真：+886-2-2796-1377
服務信箱：service@showwe.com.tw
http://www.showwe.com.tw
郵政劃撥　19563868　戶名：秀威資訊科技股份有限公司
展售門市　國家書店【松江門市】
104 台北市中山區松江路209號1樓
電話：+886-2-2518-0207　傳真：+886-2-2518-0778
網路訂購　秀威網路書店：http://www.bodbooks.com.tw
國家網路書店：http://www.govbooks.com.tw
法律顧問　毛國樑　律師
總 經 銷　創智文化有限公司
236 新北市土城區忠承路89號6樓
電話：+886-2-2268-3489　傳真：+886-2-2269-6560
博訊書網：http://www.booknews.com.tw

出版日期　2012年4月　BOD一版
定　　價　230元

Printed in Taiwan

國家圖書館出版品預行編目

舞一曲伊比利：西班牙・葡萄牙 / 邱千瑜著. --
一版. -- 臺北市：釀出版, 2012.04
面； 公分
BOD版
ISBN 978-986-5976-01-9（平裝）
1.旅遊文學 2.遊記 3.西班牙 4.葡萄牙

746.19 101001854

讀者回函卡

感謝您購買本書，為提升服務品質，請填妥以下資料，將讀者回函卡直接寄回或傳真本公司，收到您的寶貴意見後，我們會收藏記錄及檢討，謝謝！

如您需要了解本公司最新出版書目、購書優惠或企劃活動，歡迎您上網查詢或下載相關資料：http:// www.showwe.com.tw

您購買的書名：______________________________

出生日期：________年________月________日

學歷：□高中（含）以下　□大專　□研究所（含）以上

職業：□製造業　□金融業　□資訊業　□軍警　□傳播業　□自由業

□服務業　□公務員　□教職　□學生　□家管　□其它_____

購書地點：□網路書店　□實體書店　□書展　□郵購　□贈閱　□其他

您從何得知本書的消息？

□網路書店　□實體書店　□網路搜尋　□電子報　□書訊　□雜誌

□傳播媒體　□親友推薦　□網站推薦　□部落格　□其他__________

您對本書的評價：（請填代號　1.非常滿意　2.滿意　3.尚可　4.再改進）

封面設計____　版面編排____　內容____　文／譯筆____　價格____

讀完書後您覺得：

□很有收穫　□有收穫　□收穫不多　□沒收穫

對我們的建議：______________________________

____

____

____

請貼
郵票

11466
台北市内湖區瑞光路 76 巷 65 號 1 樓
秀威資訊科技股份有限公司 收
BOD 數位出版事業部

（請沿線對折寄回，謝謝！）

姓　　名：＿＿＿＿＿＿　年齡：＿＿＿　性別：□女　□男

郵遞區號：□□□□□

地　　址：＿＿＿＿＿＿＿＿＿＿＿＿

聯絡電話：(日)＿＿＿＿＿＿　(夜)＿＿＿＿＿＿

E-mail：＿＿＿＿＿＿＿＿＿＿＿＿